Guía práctica para abuelos con nietos

Estrategias para una feliz convivencia

books4pocket

Isabel Agüera

Guía práctica para abuelos con nietos

Estrategias para una feliz convivencia

TOROMÍTICO

www.editorialalmuzara.com
info@editorialalmuzara.com
www.books4pocket.com

Diseño de la colección: Opalworks
Diseño de la portada: Talenbook
Impreso por Novoprint, S. A.
Energía 53
Sant Andreu de la Barca (Barcelona)

Fotocomposición: books4pocket

I.S.B.N: 978-84-15139-44-7
Depósito Legal: CO-311-2012

Impreso en España - *Printed in Spain*

A mis ocho nietos pero en especial para los más pequeños: Gabriel, Javier y Gonzalo

Esta mujer, de cuentos y juegos, esta abuela niño —como me llaman mis nietos—, tras ser madre y maestra, ha descubierto que nada hay más hermoso que ser abuela.

Índice

Qué es la educación diferenciada o específica de niños y niñas. Ventajas académicas, personales y de socialización.

La educación diferenciada es un sistema pedagógico que, partiendo de la igualdad de niños y niñas en derechos y deberes, dignidad y humanidad, reconoce, sin embargo, la existencia de una serie de diferencias innatas propias de cada sexo y las aprovecha para optimizar sus potencialidades y garantizar así una igualdad de oportunidades real.

Diversos estudios científicos sobre las diferencias cerebrales de niños y niñas demuestran que existen metodologías docentes válidas para los muchachos que, sin embargo, pueden frustrar o perjudicar a las niñas. Y viceversa. Lo que estimula a las niñas muchas veces no es eficaz con los niños.

Partiendo de una igualdad absoluta en cuanto a las metas, los objetivos, los medios, currículos y calidad de la enseñanza, la educación diferenciada aplica métodos docentes adecuados a las peculiaridades de cada sexo.

La educación específica de niños y niñas es un método docente capaz de superar el mito de la neutralidad sexual tan extendido actualmente en las aulas y fuera de ellas, y que, al margen de ideologías, creencias o políticas determinadas, otorga un tratamiento adecuado a niños y niñas atendiendo con detalle a sus especificidades propias, lo que permite alcanzar mejor los objetivos educativos y culturales y abre mayores posibilidades a los alumnos, al dar la oportunidad a los docentes de trabajar con grupos más homogéneos.

MAYOR RENDIMIENTO ACADÉMICO

La subida en el rendimiento académico se debe a varios factores concurrentes. La aplicación de técnicas docentes adaptadas a las características y exigencias propias de cada sexo refuerza la autoestima de los alumnos y les permite desarrollar mejor sus capacidades. Asimismo el gusto por aprender mejora cuando los contenidos tienen en cuenta las diversas preferencias del cerebro masculino y femenino.

Por regla general, las estadísticas demuestran que los colegios que han introducido técnicas de educación específica para niños y niñas (EEUU, Alemania, Reino Unido, Australia) experimentan una subida generalizada del nivel académico y de la eficacia docente; especialmente entre alumnos que históricamente han estado en desventaja por motivos socioeconómicos[1].

---

1. Sobre las cifras de éxito escolar de los colegios single-sex, vid. J.M.Barnils, La educación single-sex en el mundo, en la obra colectiva: *L´educazione differenziata per le ragazze e per i ragazzi; Un modelo di scuola per il XXI secolo*, ed: Armando Editore, 2009.

PRIMERA PARTE

Introducción y justificación de la obra

CARTA PARA EMPEZAR

¡Ya estás aquí!

Nada me parece más emotivo como introducción que esta carta que dediqué a mi primer nieto hace ya dieciséis años.

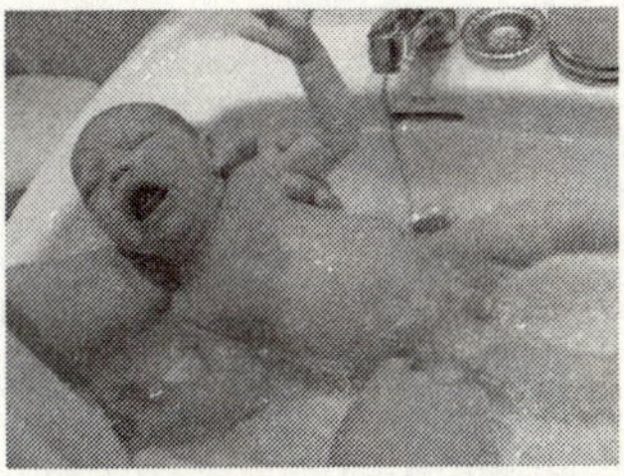

Las calles a las cuatro de la madrugada sólo eran noche y semáforos. No obstante el soliviando propio de la hora y del evento, me precipité allí, donde tus padres, donde tú, mi pequeño y precioso niño, estabas a punto de llegar al mundo.

Medio me tiré del coche al llegar a Urgencias de maternidad en Reina Sofía. Silencio y cuatro personas dormitando por los rincones. Alguien, un celador, me detuvo cuando, aturdida, nerviosa, quise sobrepasar la «barrera» de lo prohibido. «Ahí no se puede entrar. Espere fuera».

Expectación en el susurrante sonido de barras fluorescentes, en el penetrante olor a medicamentos y revueltos de no sé cuántas cosas. Mis ojos se quedaron clavados en aquel cartel de «prohibido el paso», en aquella puerta, tras la cual, tus padres, casi dos niños, transformados en responsabilidad, se debatían en dolor e ilusión porque tú, tan deseado, tan querido, llamabas al aldabón de este mundo y, con urgencia, reclamabas ya tu lugar en él.

Desde casi mi estática postura, simultaneaba pensamientos, como si en la película retrospectiva de toda mi vida, se interpusiera la emoción del momento presente que me agitaba en un vaivén de nostalgias, de angustias, de fe, de esperanza...

No existen palabras, pequeño mío, para que pueda expresar qué sentí cuando al fin dejaste de ser interrogante para formar parte de una bellísima y casi mágica realidad.

¡Cómo temblaban mis brazos ante el milagro de la vida que nos arrebata seres queridos, por un lado, y nos compensa, por otro, con esa savia nueva que son los nietos, que eres tú, vida mía! Savia que nos devuelve alegría, ilusión, proyectos y un gran derroche de ternura y amor.

Ayer, no conocía el color de tu pelo, ni el sonido de tu llanto, ni el tacto de tu piel...

Hoy, ya estás aquí. Te puedo acunar entre mis brazos, te puedo sentir en ese corazón que late al unísono del mío, cuando te aprieto junto a mi pecho en un deseo de fundirme contigo.

¡Cuántas interrogantes acerca de tu futuro me nacen y me crecen en los adentros! No obstante, te veo luz destellante, estrella que has caído justo aquí en esta familia que con los brazos abiertos, desde el mismo día que supo de tu existencia, te espera, te soñaba, te amaba.

Tú eres la vida que regresa una vez más, irisando de color cualquier punto negro de esos que aparecen y dejan sus marcas sobre el tapiz, aurora de cada día, que es nuestra existencia, y esta mi casa, tan solitaria y silenciosa, se eclosiona de alborozo, de entrañable trasiego familiar, con tu llegada a este nuestro mundo, tan conflictivo, tan apartado, cada vez más, de la inmensa aventura que es el vivir, y que te aguarda, pequeño mío, ignorando que tú sí eres acontecimiento para todos los que te amamos.

Mi precioso niño, doy gracias a tus padres, a Dios, por tener la dicha de engendrarte, acariciarte, y sentir que soy la mujer más joven del mundo porque tú eres un hijo más que ha nacido en este jardín del amor donde las semillas caídas jamás se pierden: crecen y se multiplican.

Me emocionan y conmueven los acontecimientos del mundo, la turbia mirada de los ancianos, la limpia mirada de los pequeños, la fragancia de mis jazmines...

Sí, más que nunca, hoy, y te lo debo a ti, ternura que me sale a flor de labios y se trueca besos que quisiera entronizar en suspiros del viento para que se esparcieran por todo el mundo en un glorioso e inacabado aleluya.

Vuelve la vida, siempre, y su retorno puede ser música para un bello poema. Vuelve el otoño, siempre.

Y me felicito porque, una vez más, compruebo que soy algo más que un puñado de ingenuas ilusiones, mil veces rotas y recuperadas: soy, por primera vez, abuela.

1. La aventura de ser abuelos/as

Y tras esta carta, primera de una serie inacabada y dedicada a mis ocho nietos, comienzo ilusionada esta obra que para nada será una más, porque en cada palabra que escribo noto que de forma muy especial me palpita el pulso y me llueve la memoria blanca de recuerdos que son gestos, anécdotas, miradas, palabras, juegos de mis nietos que me refrescan los días y me hacen sentir nueva e ilusionada.

Con frecuencia se repite a diestra y siniestra el consabido dicho de que se quiere a los nietos más que a los hijos. Mi opinión sincera, y lo repito a todos los niveles, es que en el amor no hay medidas de comparación. No se trata, por tanto, de más o menos, sino de cariños bien diferentes por varias razones. La primera, y me parece la fundamental, porque son hijos de nuestros hijos, y eso conlleva una especie de amor «duplicado». Y es algo en lo que caí en la cuenta con el nacimiento de uno de mis nietos, que tuvo problemas y pasó un tiempo en prematuros. Mi sufrimiento pasaba, de igual forma, por el de mi hija que por el del pequeño. Sufría al ver sus desvelos de madre, sus lágrimas, y sufría por aquel cuerpecito metido en una urna y lleno de gomas y sueros.

Hay además otra razón de igual calado. Los nietos llegan, por lo general, cuando la vida para los mayores empieza a ser declive en muchos sentidos. Los años, los achaques, la pérdida muchas veces del compañero o compañera, la ida de los hijos... Todo parece conjurarse para tornar los momentos de un gris sin matices y que en el correr de los días tan sólo nos deja ver horizontes de un ocaso opaco, donde ni tan siquiera adivinamos rastros del sol que lució esplendoroso en la mañana y, en picado, uno se siente caminando hacia el final.

Pero he aquí que, un buen día, ellos irrumpen con fuerza arrolladora en la manida rutina de nuestras nostalgias de ayer, de nuestras limitaciones de hoy. Llegan los nietos y un renacer de vida nos invade, haciéndonos vibrar una nueva ilusión, una nueva esperanza. Como si de repente otro espléndido amanecer despegara sus alas de sueños y nos izara, invitando a comenzar la gran aventura de ser abuelo, abuela.

Sí, auténtica aventura en la que, de nuevo, vuelven a tener sentido los días porque nuestros pasos han encontrado sendero por donde caminar de cara al sol y nuestras casas, dormidas en la noche larga y silenciosa de las ausencias, vuelve a ser escenario de juegos, risas, alborotos y destino para esos pequeños que tantas veces acunan las manos cansadas, y no obstante rejuvenecidas por el amor, de unos abuelos.

«Abuela —me decía mi nieto más pequeño, al escuchar por alguna parte el cuento de *La Bella y la Bestia*—, yo no quiero soñar con la bestia, y si mi padre me corta el teléfono, yo me quedo con el trozo de hablar contigo, y que me escribas un cuento de la bella».

Y esta abuela, estática con el auricular en las manos durante un tiempo, siguió escuchando como oración que me brotara del alma, la emoción y agradecimiento a Dios por permitirme ser abuela, por ser capaz de valorar este mediodía de otoño en el que toda la naturaleza, al unísono con el palpitar de mi corazón, es un cántico sereno, amoroso, a la vida, un adiós ilusionado a los pájaros emigrantes que surcan en bandadas mi avenida, un abrazo infinito al amor desconocido que ha llamado a mi puerta y, al abrirla, las ingenuas miradas de mis nietos, expectantes y cogidos de la mano, esperaban.

Escribiré, mi pequeño, mil y un cuentos todos los días que me resten de vida, y serán una maravillosa historia que contarte para que de tus sueños huyan bestias y fantasmas, se esfumen miedos, angustias, soledades... Para que, en definitiva, seas feliz.

Duerme tranquilo, chiquitín. Tu abuela vela para que un día entiendas cómo la mayoría de los «malos» pueden tornarse «buenos» cuando en su vida aparece el amor, bien en forma de niña bella, bien en palabras, gestos, sonrisas...

¡Ah!, y otra cosa: tú siempre tendrás teléfono, si no bajas la guardia con respecto a tu comunicación con todos los seres humanos, porque no hay «tijeras» que puedan cortar esa maravillosa facultad de que hemos sido dotados.

Y aventura es para los abuelos pasear a sus nietos, y aventura es contarles un cuento, y aventura es asistir a su bautizo, cumpleaños, Primera Comunión; aventura verlos crecer cada día, saberlos cerca, reconocer en ellos nuestros rasgos, esperarlos a la puerta del colegio, enseñarles a hacer un barco, una pajarita... Aventura maravillosa la de ser abuelo/a y podernos mirar en esos destellos limpios, cándidos, en ese rastro de luz que irradian los nietos.

2. Los abuelos, paraíso de ternuras

No hace mucho recibí carta de un amable lector que, en un bello discurso, me pedía reivindicara desde mi columna en el Diario Córdoba que se instituyera y celebrara el Día del Nieto. Sus razones, coincidentes con las mías, son objeto hoy de mis momentos de reflexión en voz alta.

Es cierto que el tema de las relaciones abuelos-nietos en estos tiempos adquiere especial relevancia, y son múltiples y variopintas las voces que se alzan proclamando tan feliz celebración. Nunca es tarde si la dicha es buena, y la idea de celebrar el Día de los nietos, de los abuelos, a mí, prescindiendo de las connotaciones comerciales que tales eventos conllevan, me parece excelente, si bien, tal y como lo vivimos los abuelos, nuestro Día, aquel de cuya celebración no nos apeamos, se repite cuando escuchamos de la boca balbuceante de nuestros nietos la palabra abuelo/a.

«Abuela —me decía mi nieto de cinco años un día—, en la calle hay un grillo que no se mueve. Estará dormido —le contesté—. No, abuela; está con las patas para arriba. Entonces —añadí por decir algo— se habrá ido al cielo. ¡No, no, abuela! No se ha ido; está ahí. ¡Ven, ven, que lo vas a ver!»

Y una se maravilla al escuchar tales reflexiones y notar que el alma llora en una amalgama de sentimientos contradictorios: alegría, dolor, confusión, impotencia y, sobre todo, una enorme ternura ante la ingenuidad y lógica de aquel pequeño que aborda y recurre siempre al abuelo, a la abuela porque ellos representan lo más sereno, lo más presto a escuchar, complacer...

Y no precisamente por un sentimiento de debilidad y malsana tolerancia, sino porque los abuelos, tallados a duros golpes por la vida, pueden mostrar a sus nietos la cara más amable, un paraíso de ternuras que sólo ellos, cargados de experiencia, por un lado y con todo el tiempo del mundo, por otro, esparcen y dilatan como respuesta a las incipientes inquietudes de los nietos, como respuesta a tantos oídos sordos como los rodean, dado que los padres, lo más cercano y entrañable para ellos, en general carecen de tiempo, de paciencia, de buen humor muchas veces, para entender, explicar, reconocer las ingenuidades de un niño.

Recuerdo al respecto, a un alumno de seis años que me decía: «Seño, mi madre no me oye, y sí me oye mi abuela». Pensando que la madre era sorda, un día, para comprobarlo, en visita rutinaria de tutoría, comencé a hablarle en tono muy bajo. Ella, más bien con poca voz, me contestaba a todo sin el menor esfuerzo y, con toda naturalidad, me contaba que tenía seis hijos, que dos eran mellizos y que el mayor, mi alumno, tenía ocho años. Comprendí, entonces, que la tal supuesta sordera era tan sólo fruto del trabajo y poca atención a cosas que consideraba sin importancia. Por el contrario, la abuela, que vivía con ellos, liberada de grandes responsabilidades, sí que estaba atenta a las palabras de sus nietos.

Para mí, a estas alturas de la vida, sólo quisiera tener abuelos. Y es por eso que sueño con mucha frecuencia con aquella viejecita del mantón negro —mi abuela— que me esperaba tras la ventana de su salita, entre sahumerios en braseros de picón y viejas canciones, para darme un caramelo de azúcar tostada al salir del colegio, y que me contaba historias de su infancia en las horas que pasaba junto a ella en su casa del pueblo.

«Abuela —me decía otro de mis nietos de tres añitos— si estás solita y tienes miedo, *'pos cerras'* los ojos y te tapas la cabeza con la sábana». ¡Qué maravilla escuchar tales palabras! Un paraíso de ternura brota fresco y espontáneo ante la ingenuidad de un pequeño, de un nieto que en sus pocos años intuye y sabe de la soledad del abuelo, figura que ha pasado a ser imprescindible en esta sociedad competitiva.

¡Cuántos niños, desde el amanecer, quedan a merced de abuelos y abuelas! Y son ellos maestros de increíble bondad, paciencia y cariño que comprueban la temperatura para sacar al recién nacido a dar un paseo, que madrugan para llevar al nieto/a al colegio, que los cuidan primorosamente cuando están enfermos, que les preparan comidas apetitosas, que, en definitiva, con el alma rebosante de amor, suplen a los padres y madres, trabajadores ausentes casi las veinticuatro horas del día.

Los nietos representan, de nuevo, como dije anteriormente, todos estos bienes, muchas veces perdidos o deteriorados de los que sólo queda un lejano índice del pasado. Y la vida, con la llegada de los nietos, adquiere esa dimensión de lo casi divino, por la que todo vuelve a tener el color vigorizante de los años pasados, y son sus palabras, sus caricias, sus alegrías, sus gestos de pura complicidad ante la presencia de los abuelos.

Respeto y amor a los abuelos, que tanto aman a los nietos, que tanto ayudan a los hijos, implicados en trabajos y afanes.

No, no creo que se precise el Día del Nieto ni el del abuelo, ya que, a diario, para los nietos, la mejor fiesta, el mejor paisaje y casi único universo son los brazos, cansados sí, pero siempre abiertos, de ese cielo de ternuras que son los abuelos.

3. Hasta dónde la ayuda de los abuelos

No hace mucho participé en una tertulia radiofónica, cuyos relevantes contertulios y yo fuimos coincidentes en la reivindicación de la figura del abuelo, desde una visión nueva, como nuevos son los tiempos, los padres y, por supuesto, los niños.

Mucho se habla en todo tipo de medios del papel de los abuelos en nuestra sociedad, concluyendo que en muchos casos son auténticos cuidadores que, de sol a sol, se hacen cargo de sus nietos.

Es cierto que la jubilación anticipada genera abuelos jóvenes, liberados de obligaciones profesionales y con tiempo libre suficiente para vivir, posiblemente, pequeños y justos placeres pendientes siempre de tiempo y algo de alivio económico; circunstancias que los convierten en víctimas explotadas en muchos casos por los hijos, ya que, por razones del trabajo de la pareja, el mejor destino que encuentran para sus hijos son los abuelos: cuidadores baratos y de toda confianza.

Por supuesto, y ante todo, hay que respetar decisiones voluntarias de los abuelos, dado que, en muchos casos, el cuidar casi en exclusiva a los nietos puede resultar el único aliciente para sus vidas, ya que tal obligación tal vez sea la única que les haga sentirse útiles y hasta necesarios. De todas formas los abuelos, en general, jamás dirían no, jamás cerrarían la puerta a los nietos, aunque en ello les vaya su salud, ante todo.

Y son los hijos los que deberían tener en cuenta tales consideraciones antes de tomar la decisión de hacer a los abuelos depositarios de tal responsabilidad, ya que de ser un placer puede pasar a pesadilla ineludible.

La mayoría de las veces son las abuelas, viudas en gran parte, las que cargan con los nietos; por cariño, en primer lugar, pero también porque se sienten solas, y no precisamente por su estado de viudez, sino debido en gran parte a la independencia de los hijos. Es cierto que tienen derecho a hacer su vida y que los padres no podemos constituirnos en una carga más que arrastrar en sus ya bien complicados trabajos y días pero, como mínimo, deben ser conscientes de que no todo lo que pueden aportar a la soledad, enfermedad, achaques de los padres son nietos para que los cuiden.

Mi punto de vista, en general, es que los abuelos hoy, y siempre, deben ser respetados en su autonomía e independencia, puesto que deben seguir integrados en la sociedad en un constante reciclaje que les permita no apearse del tren de la vida en marcha para quedar estacionados y reducidos a trabajos que ya no les corresponden, ni por edad, ni por salud ni por nada.

En estos tiempos tan turbulentos su gran papel tendría que ser ante todo el de portadores de serenidad, ya que cuentan con capacidad y preparación para poder mostrar el lado bello de las cosas, generando y poniendo de relieve valores no perdidos y que deben revestir de actualidad porque, para muchos nietos, pueden ser el mejor referente. La mejor y única respuesta que pueden contemplar desde su ingenuidad, magia y curiosidad.

Por tanto, echar una mano cuando se les necesite sí, pero siempre teniendo en cuenta sus limitaciones y evitar que puedan sentirse explotados, estresados, agotados… No podemos olvidar, como hemos dicho anteriormente, que los abuelos deben continuar su presencia en la vida social, porque la jubilación no es un punto final sino la cima de una meta. Y la vida son metas que alcanzar, sabiendo que el final de una puede y debe ser el principio de otra, y que someterlos a obligaciones de tal calado, como es criar a los nietos, les obliga a renunciar a su propia vida por causa de los hijos; algo que nos debería llevar a reflexionar y a buscar soluciones más justas, menos egoístas.

4. No a los abuelos canguros

De todo lo dicho con anterioridad, mi opinión es que el papel de los abuelos jamás debería pasar por el que tantos desempeñan hoy día: abuelos *canguros*.

Sí, con la incorporación de la mujer al mundo laboral, y los horarios que no permiten mucha conciliación con la vida familiar, sobre todo porque rara vez coinciden los horarios escolares con los laborales, la figura de los abuelos ha dejado de ser la de meros cuentacuentos o reparte golosinas para convertirse, en muchos casos, en cuidadores casi exclusivos de los nietos.

Son los abuelos los que reciben al amanecer de todas las estaciones del año los cochecitos de los bebés, y son los abuelos los que recogen a los niños de las puertas de los colegios, los que los llevan al médico, les preparan la comida y hasta los acuestan en muchas ocasiones, ya que la tranquilidad que da a los padres el saberlos bien atendidos les permite largas pausas después del trabajo. Y son los abuelos los que saben de las preferencias televisivas de los nietos, de sus preocupaciones, de sus tareas escolares, de sus notas, etc.

Muy respetable el trabajo laboral a dúo de los padres pero la auténtica responsabilidad, el primer deber que tienen es el de cuidar de sus hijos, y no sólo trabajando para proporcionarles mayor bienestar físico, sino renunciando tal vez, a consumos innecesarios y prestando más presencia y atención a esos hijos que lo principal que precisan para su mayor felicidad es pasar tiempo con los padres.

No obstante son poderosas —o al menos así lo creen los hijos— las razones por las que optan por abuelos canguros: es mejor —dicen o piensan— que dejarlos en guarderías donde son mal atendidos y se contagian de todo tipo de enfermedades. Otra de las razones, pienso que la más importante, es la económica. Sale mucho más barato, por no decir gratis, dejar a los niños con los abuelos que en cualquier guardería.

Sin embargo, lo que muchos padres no consiguen, o no quieren ver, es que a la postre los abuelos están ejerciendo de auténticos *canguros,* de meros cuidadores que, a veces, porque no saben o porque no pueden, soportan a los nietos sometiéndolos a largas horas de televisión, incluso con programas como telenovelas, corazón, etcétera que sí consiguen distraerlos pero, poco a poco entran en una dinámica de conocimientos que no les corresponde y, por otra parte, les crea una malsana adicción.

Son muchas las veces que en el aula me han sorprendido niños y niñas de pocos años interesados por series televisivas, por eventos y noticias muy lejos de corresponderles por edad. Cuando he investigado algo, efectivamente eran niños y niñas que pasaban los días en casa de los abuelos, expuestos no sólo a horas de televisión sino también a conversaciones, sin ningún tipo de pudor, entre vecinas, amigos y amigas de los abuelos.

Y la verdad, insisto en más de lo mismo: los padres son los primeros responsables de que la educación de sus hijos, a todas las edades, transcurra por los cauces que le corresponden, y no en la absurda creencia de que los abuelos son felices, son educadores por excelencia.

No dudo de que haya abuelos capacitados pedagógicamente para esta convivencia diaria con los nietos, ni de que haya abuelos que se presten con sumo gusto a ello, pero una gran mayoría, y lo tengo más que constatado, desean proyectos que los mantengan integrados en la vida social de la forma que más les convenga. «Ahora a mis setenta años —me decía una abuela— estoy aprendiendo a nadar, que me viene muy bien para los huesos, pero claro, sólo puedo hacerlo los días que no me dejan a mi nieta… que son casi todos».

Algo quisiera dejar muy claro de cara, sobre todo, a los padres: los abuelos no son los responsables de la educación de los nietos, aunque por su frecuente contacto les transmitan valores que serán su referente en la vida. Educar a los niños corresponde a los padres aunque, en general, educar es tarea de todos. Existe una gran distancia entre el papel de los padres y el de los abuelos.

En realidad el auténtico papel de los abuelos debería centrarse en los aspectos más agradables como, por ejemplo, pasar con ellos una tarde, acompañarlos en actos en los que intervengan, bien en el colegio, bien en la academia, ayudarles en determinadas tareas, colaborar en fiestas como cumpleaños, Reyes... En definitiva, estando presentes en todos aquellos eventos en los que los nietos sean o se sientan protagonistas, por insignificantes que puedan parecer. «Abuela —me decía mi nieto de cuatro años—, hoy juego al fútbol en el polideportivo. ¿Me vas a ver?» Por supuesto que fui a verlo, y era curioso observar cómo a cada patadilla que daba al balón me miraba enseguida para ver si había estado atenta. De igual manera, me comentan mis hijas que cuando proyectamos una excursión al campo, lo primero que preguntan es si va también la abuela. Y es que la abuela festeja la chimenea y los anima a buscar palitos para avivar la llama, y la abuela los lleva a buscar hormigueros, y la abuela juega con ellos al escondite, etc.

Deber de los padres también es presentar la figura de los abuelos como algo beneficioso y hasta divertido para que los niños así lo asuman y los disfruten, y no percibiendo, porque su intuición es grande, que son una carga o un acto casi de caridad que los abuelos soportan resignadamente.

5. Síntomas de abuelos abusados

En diversas páginas de Internet en las que se alude al tema de los abuelos, se dan argumentos con los que me identifico totalmente:

> Las personas mayores tienen limitaciones de salud que exigen cuidados y atención. En muchos casos, esas

limitaciones son ignoradas o dejadas de lado para atender a la necesidad de cuidar de los nietos.

Normalmente es un fenómeno que afecta más a las abuelas que a los abuelos. Existen síntomas claros que indican si el abuelo o la abuela están sufriendo alguna situación de estrés, o si están siendo explotados o esclavizados:

- Cuando desarrollan tareas de limpieza, cocina, además de hacerse cargo de los nietos.
- Cuando presentan constantes estados de cansancio.
- Cuando sufren de hipertensión.
- Cuando presentan subidas repentinas de azúcar.
- Cuando se encuentran decaídos.
- Cuando están demasiado tristes y depresivos.

Si se observan tales síntomas, lo mejor es cuidarles a ellos, liberarlos de cargas y obligaciones, visitarlos, charlar con ellos, llamarlos por teléfono, pero no hacer oídos sordos y endosarles a los críos las veinticuatro horas del día.

Y no es preciso que manifiesten verbalmente sus impotencias o debilidades porque los hijos conocen (o debieran conocer) en qué condiciones se encuentran sus padres, y jamás debieran hacer oídos sordos a tales síntomas que abiertamente hablan de abuelos que están al límite, que podemos considerar están siendo objeto de abuso por los hijos.

6. Cómo ser abuelos eficaces

El principal objetivo de la presente obra, lo que me ha motivado hasta el punto de sentir como urgente responsabilidad, es precisamente el poner en manos de abuelos y abuelas herramientas variopintas para que puedan atender a sus nietos en el término que considero debe situarse.

En líneas generales, podemos concluir que los abuelos deben comportarse como tales, huyendo, en la medida de lo posible, de incurrir en ningún tipo de sumisión o *esclavitud* con respecto a hijos y/o nietos.

Por ello, resumo puntos esenciales:

- Los abuelos deben defender la importancia de lo que son en realidad, abuelos, y no casi exclusivamente cuidadores de niños.
- Los abuelos deben mostrar su mejor disposición a echar una mano en casos puntuales. Por ejemplo, si a los padres les falla la chica cuidadora y algún niño está enfermo, si tienen que resolver urgencias a las que no pueden ir con niños, etc. Yo suelo recomendar que, de vez en cuando, se ofrezcan para que los padres puedan ir, por ejemplo, un fin de semana a cenar, al cine, etc., porque se trata de promover entre los padres alguna que otra convivencia extra que tanto les beneficiará en su relación.
- Los abuelos deben propiciar reuniones familiares, ya que los pequeños son totalmente felices cuando se sienten rodeados de tíos, primos, abuelos…

- Los abuelos, si están en condiciones para ello, deben ofrecerse alguna que otra vez, para llevarlos al cine, al parque, etc.
- Los abuelos deben tener especial cuidado en no desautorizar a los padres en presencia de los nietos. Éste es un error relativamente frecuente, de penosas consecuencias a medio y largo plazo.
- Los abuelos, si su condición social y cultural se lo permite, deben estar al día de todas aquellas cosas que motivan a los nietos. Es decir, deben ir por delante de ellos en conocimientos de todo tipo, y no precisamente para demostrar lo sabios que son, sino para poder dialogar con ellos de todo, para poder prestarles ayuda, y para que no les consideren personas anticuadas, que no entienden, no saben o no contestan.
- Los abuelos deben mantener contacto casi diario con sus nietos, bien por teléfono, bien con visitas e incluso, y para mí es un auténtico placer, a través de medios digitales como el Messenger, correo electrónico, etc., que no sólo me proporcionan medios de comunicación, sino que trato de que, indirectamente, corrijan faltas de ortografía, se expresen con claridad, me cuenten cosas, etc.

Capítulo especial merecería el analizar la relación de los abuelos con los nietos adolescentes. Me referiré a ello puntualizando los aspectos que considero más trascendentes:

Por lo general, la relación entre abuelos y nietos adolescentes suele ser de respeto. De hecho, los adolescentes chocan más con los padres que con los abuelos, y no por lejanía afectiva ni por indiferencia sino, ante todo, porque los padres ejercen la autoridad con mucha más austeridad. Los abuelos, más bien sugieren, aconsejan, pero no se muestran tan rígidos, al tiempo que, por experiencia, son más tolerantes y comprensivos.

Precisamente, cuando me refería con anterioridad a la necesidad de que los abuelos estén actualizados, esto tiene su mayor repercusión en los nietos adolescentes que si bien no muestren rechazo, se distancien de los abuelos por considerarlos desfasados o anclados en el pasado.

Es por eso que se deberían evitar con ellos los tonos adoctrinadores, los consejos, las alusiones a tiempos pasados como mejores, las comparaciones gratuitas o inadecuadas, etc.

Personalmente me sentí muy gratificada con un comentario de mi nieto adolescente que, sorprendido por la ayuda que le presté en un trabajo, le dijo a su madre: «¡Qué puntazo es la abuela!»

También es importante de cara a cualquier edad, pero muy especialmente en ésta de la adolescencia, que los abuelos cuiden su imagen, en el sentido de que los nietos en estas edades en las que la pandilla o el grupo de amigos cuenta tanto puedan sentirse orgullosos de sus abuelos y reconocerlos, sin problemas, ante sus amigos y amigas. Abuelos limpios, bien vestidos, con dignidad y elegancia.

Y, por último, válido siempre y en todo tipo de relaciones humanas, no sentenciar, no hurgar, no criticar por el mero hecho de que los otros, en este caso los nietos, se expresen de forma diferente a la nuestra, se vistan, peinen como lo que son. Se trata de una nueva generación, a la que no podemos imponer nuestros moldes porque no les servirían para nada. En este sentido cunde una mala prensa entre los mayores acerca de cómo son nuestros adolescentes, jóvenes de hoy: irresponsables, pasotas, desvergonzados y un larguísimo etcétera de descalificaciones, injustas, desde mi punto de vista, porque, sin descender a casos particulares, sucede que son otros muy distintos a nosotros, como seguramente lo fuimos todos de nuestros progenitores. Para mí no es una falta de respeto que mi nieto me llame, por ejemplo, «rubieta» debido al color de mi pelo, o que en alguna ocasión exclame: «¡Que te tires de la moto, abuela!». Sencillamente considero que son formas de expresión al uso de los jóvenes y que el trato que me otorgan es de igual a igual, lo cual me enorgullece. Por supuesto sin que conlleve otro tipo de connotaciones que son fáciles de advertir por el simple tono en que tales palabras se pronuncian.

Buena, muy buena práctica es la de saber ponernos en su lugar y sentirnos alumnos de tantos ámbitos como hoy existen: la calle, la escuela, los amigos, el ambiente, la sociedad en general, presta a anatematizar, a condenar sin reparar, ni tan siquiera en algún valor de los muchos que hoy por hoy enarbolan gran parte de nuestros jóvenes: el ecologismo, el pacifismo, la justicia, la amistad, etc.

No se esfuerzan, no hincan los codos, no son responsables, todo, absolutamente todo quieren saberlo a través del dichoso ordenador y una larga retahíla de reproches en boca de una amiga me hizo entrar en debate con ella y formularle una pregunta: ¿Tienes en casa lavadora, lavavajillas, secadora, microondas, fregona, aspiradora, etc.? ¿Piensas que eres una irresponsable, que está mal el que te esfuerces menos que en aquellos tiempos de pilas, estropajos y callos en las manos?

Los jóvenes de hoy cuentan con mejores herramientas que las que tuvimos los abuelos, pero no por eso hay que condenarlos de forma rotunda y generalizada.

Para terminar, una anécdota que puede bien ilustrarnos de cómo los abuelos son, en muchas ocasiones, los mejores confidentes de los nietos adolescentes, cuando, a pesar de la distancia de edades, hay una muy cercana compresión. En una ocasión, uno de mis nietos adolescentes dejó de salir y de relacionarse con los amigos. Mi hija preocupada le preguntaba una y otra vez qué le pasaba. Cerrado en banda, repetidamente decía: *No me pasa nada*. Un día, que comía aquí conmigo, le conté una historia, casi inventada, de algo que me sucedió cuando tenía sus años con unos chicos del pueblo que me tenían amenazada porque no hacía lo que ellos querían. Fue entonces cuando espontáneamente dijo: «Lo mismo que a mí». «¿Qué te pasa a ti? —le pregunté, satisfecha de haber conseguido la reacción buscada—. ¡Nada, que quieren que fume! No se lo digas a mi madre».

Bastó aquella sencilla confesión para encauzar una amena y práctica solución al problema. Nada le dije a su madre pero la complicidad conmigo era tal que estaba al corriente de cómo evolucionaba aquel conflicto; que acabó bien, ya que, haciendo caso a mis indicaciones, se alió con dos de la pandilla que tenían el mismo problema y se enfrentaron e independizaron de los demás.

Siempre, siempre en educación, por parte de quien la pueda impartir, es necesario andar con mucho tacto para no crear situaciones que puedan agravar miedos, conflictos... que vistos y vividos desde niños o adolescentes son como gigantes que se alzan y erigen en amenazas sin solución.

No olvidemos que amar es comprender, tolerar, generar confianza, empatizar y, sobre todo, dar de lado a inútiles reproches.

7. Ser abuelos con dignidad

De todo esto podemos deducir que tenemos que tratar de ser abuelos con elegancia, dignidad, y cabría decir que hasta con solemnidad. No vale el aislamiento y el recluirnos en esa «cabezadita» en el dulce traqueteo del tren que nos conduce en el último tramo del viaje. No, por favor, queridos abuelos y abuelas: nuestra obra de arte está a punto para las últimas pinceladas: las más hermosas, las más transcendentes. Una sonrisa a la vida, a la soledad y también, ¿por qué no?, al dolor.

Yo creo que un Creador nos espera para dar el aprobado a nuestra obra, pero si no fuera así, para nosotros, primero, y para los demás, después, habrá valido la pena, porque nuestro rastro puede servir de brújula a muchos navegantes perdidos en la fría y negra noche de los años.

Querido abuelo/a: no se puede uno echar atrás con el achaque de los años. Hay que reintegrarse cada día a la vida, no obstante habérsenos cumplido la garantía, con la «edad en la boca», dispuestos a ser jugadores activos de cuantos estadios se nos presenten por nosotros, en primer lugar y por nuestros hijos y nietos de igual forma.

Nada, absolutamente nada nos está vedado si le echamos coraje a la vida, si nuestras capacidades nos lo permiten, si no somos esclavos del inexorable almanaque de nuestros recuerdos y añoranzas.

El aspirar a permanecer sentados en el banquillo mirando cómo juegan los demás, para mí es ser viejo; demasiado viejo, inútil, demasiado inútil.

La vida, con el paso de los años, inevitablemente, se va transformando en un cúmulo de pérdidas donde, no obstante, palpitan hermosos retazos de felicidad.

Buscad y veréis como encontráis el árbol de siempre, el camino de ayer, la fidelidad a las cosas imperecederas, buscad y encontraréis palabras, ecos que os devolverán la memoria tal vez perdida de las cosas, buscad y aparecerá el índice del pasado que os remitirá a la salvación en momentos en que la luz de vuestra «casa» se apague y os quedéis a solas con el viento, la noche y el crujir de viejos tejados.

Los mayores, mientras seamos útiles, autónomos, capaces de irradiar ilusión, competentes para crear momentos felices, no precisamos mayor atención: no somos viejos.

Recuerdo ahora un microrrelato que incluí en una de mis obras y que viene como anillo al dedo al tema que nos ocupa:

Un hombre octogenario gustaba de rodearse de hombres más ancianos y deteriorados que él. Entre ellos se sentía joven, docto, deseado, querido...

Se decía: ¡Pobres viejos! ¡Cómo me necesitan! Sin mi edad, salud y palabras, ¿qué sería de sus horas?

Sucedió que un día llegó hasta ellos un joven. Dirigiéndose al grupo, exclamó: ¡Buenos días! ¿Podrían decirme la hora?

El hombre octogenario se apresuró y con torpe diligencia fue a sacarse el reloj del bolsillo, cuando éste se le cayó. Lo siento, abuelo —dijo el joven, al tiempo que con apremio recogía el reloj del suelo—. ¡Mala pata, abuelo! ¿Se le ha roto?

Y se alejó repitiendo: Lo siento, lo siento, abuelo...

Cuando el joven se distanció, el hombre octogenario exclamó malhumorado: ¡Poca educación! ¡Poca vergüenza la de estos jóvenes de hoy! ¡Qué poco respeto y qué forma de tratar a los mayores!

Los demás ancianos guardaron silencio pero en sus corazones no había reproches: ellos habían asumido con placer el ser «abuelos».

Mis queridos mayores, abuelos: la dignidad de ser abuelo, de ser mayor es algo así como una hermosa prenda que ilumina oscuridades y crea rescoldo que calienta manos de seres humanos ateridos por el desaliento, angustia y agobio que les puede producir el paso del tiempo.

Y es que debe ser triste, muy triste, el vacío que nos puede ir dejando el pasado, si no fijamos en él la memoria mejor de las cosas.

Los instantes que fuimos felices en una casa, con unos juegos, con una familia, con amigos, con una rosa, con un sueño...

No son el tiempo ni la edad los culpables de que seamos o no «abuelos». No, somos nosotros mismos, cuando borramos del almanaque nuestro cumpleaños, cuando nos molestan los cambios, cuando seguimos aferrados a una juventud que se nos fue...

«Tendré que deciros que tenemos muy poco hilo que desmadejar, leve aire para respirar, pocas bocas para besar, pero instantes, tal vez muchos, para crear».

Si miramos atrás que sólo sea para ver a ese pequeño

ser, nuestro nieto o nieta, que seguirá nuestros pasos si en ellos encuentra cálida la arena y sereno el mar por cuya orilla caminamos como pequeños ríos, hasta fundirnos en él.

8. Conclusiones

Estos capítulos podrían ampliarse con más contenidos, anécdotas, experiencias, etc., pero creo que hay suficientes tratados y que tal vez lo que más válido resulte de cara a los abuelos es un buen manual de estrategias, lecturas, juegos... para convivir con los nietos de forma, como venimos repitiendo, creativa, formativa y divertida.

No obstante, conviene no olvidar conclusiones de gran calado pedagógico que de forma resumida nos guíen hacia los objetivos que, tanto padres como abuelos, deben tener presentes de cara a la educación de hijos y nietos.

- Los verdaderos y auténticos responsables de la educación de los hijos son los padres.
- Los abuelos pueden y deben echar una mano, cuando los hijos tengan eventuales necesidades.
- Los hijos no pueden ni deben abusar de los abuelos convirtiéndolos en niñeros sin más de sus hijos.
- Los abuelos aportan cariño, ternura, serenidad... pero hay que mostrarles apoyo, respeto y gran comprensión.

- Los abuelos deben reciclarse en la medida que puedan para no resultar ante sus nietos obsoletos, desfasados, etc.
- Los abuelos deben mantener contacto casi diario con los nietos, por aquellos medios que estén a su alcance.
- No podemos olvidar, y esto es muy importante, que los abuelos no lo tienen todo terminado y la única actividad que les resta por hacer sea cuidar de los nietos.
- Los abuelos y abuelas, hoy por hoy, suelen ser personas dinámicas y activas que pueden y deben seguir sin interrupciones su vida social, integrándose en nuevos proyectos, ilusionantes y benéficos para su salud física y mental.

9. Manifiesto de obligado conocimiento para abuelos/as

Por primera vez en mi vida me atrevo con la palabra Manifiesto porque jamás me he sentido con autoridad para ello. Sin embargo lo hago asumiendo mis posibles fallos, pero como madre, maestra y abuela, me creo con experiencia para intentarlo.

Hay posibles errores o aciertos que los abuelos y abuelas no pueden ignorar ya que la educación de los nietos en lo que les concierne, va a depender mucho de como sea el comportamiento, los principios, los valores que propugnemos en la convivencia con ellos.

Y sin más, vamos a ello de forma totalmente esquemática.

- Un abuelo jamás debe mentir a nadie y menos a los nietos, si no puede decir la verdad, sencillamente expresarlo así, pero nunca mentir.
- Un abuelo jamás debe asustar a los nietos. Nada lo podría justificar.
- Un abuelo jamás debe desautorizar a los padres. Si opina que están equivocados, debe tratarlo en privado con ellos.
- Un abuelo jamás, por ningún motivo, debe chantajear a los nietos. Si no quieren comer, si no obedecen, etc., no se les puede ofrecer a cambio de hacerlo, por ejemplo, una chuchería, una moneda o sencillamente ver un determinado programa de tele.
- Un abuelo jamás debe estar dispuesto a consentirlo todo. Hay que dilatarse pero no *derretirse*.
- Un abuelo jamás debe usar diminutivos ridículos para designar determinadas cosas. Por ejemplo, «guagua», por perrito; «pipi», por pajarito, etc.
- Un abuelo jamás debe hablar de forma negativa sobre cualquier manifestación sexual natural de los pequeños. Por ejemplo, si descubre a un pequeño tocándose los genitales.
- Un abuelo no debe llamar pecado a una palabra soez o grosera, aprendida de los adultos.
- Un abuelo no debe hablar demasiado a los pequeños del Cielo, de Dios, de la Virgen, de la muerte,

etc. Puede suscitar preguntas para las cuales no va a tener fáciles respuestas.

- Un abuelo jamás debe disimular sus achaques, que forman parte de la realidad objetiva; tampoco abusar de ellos ante los nietos.
- Un abuelo debe saber que los nietos son el futuro que pasa, casi milagrosamente, por sus manos, un futuro que debe culminar en una auténtica obra de arte y que para ello, su granito de arena es imprescindible porque paso a paso se hace el camino.

10. Cómo solucionar problemas con los nietos

Alguien, un abuelo, por cierto de formación y cultura, que leyó el borrador del anterior Manifiesto, fue el primero en lanzarme el «dardo» de la pregunta: «Cómo solucionar problemas, porque si dices lo que no se debe hacer y no explicas el recambio, vas a dejar a oscuras a muchos lectores abuelos, padres y madres». Y sí, llevaba razón porque no basta con saber lo que no se debe hacer porque la mayoría de abuelos y abuelas fueron victimas de una educación basada en miedos, pecados, etc. Es por tanto preciso que conozcan mejores métodos y en lo que puedan los lleven a la práctica.

Pienso que la mejor técnica para ello, la más directa y sencilla será la de pregunta-respuesta. Así que vamos a ello, advirtiendo a cualquier tipo de lector que es mucho más sencillo el decir cómo que el obrar cómo, pero, al menos, tenemos que intentarlo, sirviéndonos de un mínimo de psicología y pedagogía infantil.

Una observación necesaria: me basaré siempre en ejemplos concretos, consciente de las variedades de cada supuesto caso, ejemplos que en gran parte se podrán extrapolar a otros similares.

1ª Pregunta: Si mi nieto/a me dice, porque lo sospecha, que su padre gasta mucho dinero en las máquinas de los bares, ¿qué le puedo contestar?

Respuesta: Si es cierto se le pueden decir: No lo sé muy bien, pero si es así, tenéis que ayudarle entre todos, con cariño, para que abandone esos juegos. Las personas que gastan tanto en juegos son enfermos y como tales tienen que curarse, acudiendo a quién pueda ayudarles. Seguro que tu padre lo intentará y lo conseguirá. Es bueno y os quiere mucho.

Hay que destacar siempre los aspectos positivos de los padres y nunca subrayarlos añadiendo palabras, frases que puedan deteriorar la imagen que los hijos tienen de sus padres.

2ª. Pregunta: Si mi nieto me amenaza por cualquier capricho con irse a la calle, ¿qué puedo hacer para impedirlo? ¿Cerrar con llave, asustarlo, consentirle el capricho, dejarlo que se vaya a la calle?

Respuesta: Nada de eso. Si es pequeño, advertirle de los peligros reales que hay en la calle y de cómo disgustaría a sus padres saber que anda solo ante tantos riesgos. Por otra parte, dependiendo siempre del capricho, por ejemplo, si se pelea con uno de sus hermanos porque quiere un juguete que éste o el otro tienen, convencerle de que el hermano, el primo, se lo dejarán un rato cuando se tranquilice y se porte bien.

En una ocasión fui testigo de cómo en un lugar de playa, un pequeño de seis años, por no sé qué cosa dijo: *Me voy a la calle*. El padre, sin más, le contestó: *Pues ya puedes coger la puerta*. El pequeño, efectivamente, muy decidido, salió del apartamento. Eran las once de la noche y aquel lugar bastante solitario. La madre, soliviantada, quería salir a buscarlo. El padre en un rotundo no, andaba también preocupado y se limitaba a decir: *Ya volverá*. Esta que escribe, abuela presente en tal dilate, tuvo una idea: *Voy a bajar la basura*. Con esa excusa salí del apartamento con el propósito firme de buscar al niño. Y allí estaba, en el rincón de una larga y oscura galería. Historia que daría para muchas páginas pero creo que el lector es lo suficientemente perspicaz como para haber captado los mensajes que conlleva.

3ª Pregunta: Si mi nieto/a está con ganas de darme la lata por tonterías y no me dejan hacer mis tareas obligatorias, ¿no puedo decirle, por ejemplo, que una bruja o un monstruo va a llegar y se lo va a llevar?

Respuesta: Eso sería un gran disparate. Los niños, sobre todo los pequeños, ya de por sí nacen con miedo, que no es por otra razón que la inseguridad que les da lo desconocido, que prácticamente es todo. No podemos añadir miedos ambientales, y menos inventados. Fue horrible mi infancia de miedos. ¿Qué hacer entonces? Cuando un niño pequeño se pone latoso puede ser que tenga sueño, que esté cansado, aburrido o molesto por algo. De cualquier forma lo mejor será dejar por unos momentos lo que estamos haciendo y tratar de ofrecerle algún juego, contarle algún bonito cuento, invitarlo a dibujar o sencillamente a que «trabaje» con nosotros, encomendándole alguna sencilla tarea, como ordenar un cajón que pueda resultar, al final, desordenado.

No debemos olvidar que los niños pequeños creen literalmente lo que les decimos, y si hablamos de brujas y monstruos, seguro que les estaremos dando vida en sus fantasías. Recuerdo una canción que me repetían de niña y que decía así: «Esta niña chiquita no tiene a nadie, su madre era una gitana y la echó a la calle». Era una mocosa pero jamás la he olvidado porque efectivamente pensaba que era hija de una gitana y que me tiró a la calle.

4ª Pregunta: Mi nieto tiene prohibido por los padres comer chucherías todos los días a excepción, por ejemplo de los fines de semana. Si lo saco a dar un paseo y ve cómo los demás niños, un día cualquiera, comen las respectivas chucherías, ¿estaría mal que le comprara algo y le dijera que no se enteren sus padres? Siento pena de ver cómo miran.

Respuesta: Desautorizar a los padres es una forma de hacerles creer a los nietos, aunque lo hagamos de forma inconsciente, que los queremos más que ellos al darle más gustos y tolerar sus caprichos. Esto es una terrible equivocación por razones varias: Los padres deben ser siempre lo mejor para los hijos y a ello deben colaborar los abuelos. Puede que en alguna ocasión estén equivocados con respecto a las medidas que tomen y, si los abuelos están convencidos de ello, lo mejor será argumentárselo sin que los niños estén presentes. Obrar a espaldas de los padres, saltándonos las normas que de buena conducta les tienen fijadas sería una forma de crear conciencia de que todo se puede saltear con tal de que no se sepa, no se conozca.

Y en cuanto a la pregunta de las chucherías, como ejemplo, los abuelos deben pensar y respetar que también a los padres les cuesta tomar medidas como éstas pero lo hacen por su bien y a ellos, como abuelos responsables, les toca ser los primeros en colaborar.

5ª Pregunta: Si mi nieto no quiere comer o hacer algo que deba, ¿qué puedo hacer si no le ofrezco una alternativa de su gusto?

Respuesta: Si ofrecemos recompensas por cumplir con lo que es su deber, estaremos contribuyendo a que las negativas a cosas tan elementales como comer, estudiar, lavarse los dientes, etc., se multipliquen. Lo correcto, si un niño no quiere comer, puede pasar, tranquilamente, por decirle que no coma, que cuando le entre apetito ya sabe dónde está su plato.

Un abuelo/a jamás, por ningún motivo, debe chantajear a los nietos/as. Si no quieren comer, si no obedecen, etc., no se les puede ofrecer a cambio de hacerlo, por ejemplo, una chuchería, una moneda o sencillamente ver un determinado programa de tele. Hay que intentarlo por las buenas y, si no es posible y el caso lo requiere, aplicarles un pequeño correctivo de acuerdo con su edad.

6ª Pregunta: Mi nieto es muy zalamero y, cuando quiere algo, me lo pide de tal forma que no puedo resistirme.

Respuesta: Muy sencillo: Ser enérgicos para decir no, cuando haya que decirlo. Los abuelos no pueden derretirse. Es decir, no pueden ser manejados por caprichos y máxime si son perjudiciales de alguna manera. Con la misma zalamería que ellos pueden emplear, tienen que actuar los abuelos, evitando así problemas mayores.

7ª Pregunta: Si a mi nieto le han enseñado a llamar al perro «guagua» y eso no es lo más correcto, ¿cómo se supone que debo enseñarle a nombrarlo?

Respuesta: No se trata tanto de diminutivos como de adjudicar a todo nombres ridículos y falsos. Sí se puede decir, por ejemplo, abuelito pero, ¡hay por ahí cada palabra para referirse a los abuelos! De igual forma, se puede usar el diminutivo «ito», cuando hablamos con los más pequeños: perrito, gatito, etc., y no «miau», «guagua», etc.

8ª Pregunta: Si sorprendo a mi nieto, jugando, por ejemplo, con su pene, ¿se supone que debo dejarlo como si nada o por el contrario reñirle?

Respuesta: Ni una cosa ni otra. Desde luego reñirle, por eso, jamás. Un niño juega con su pene, como puede jugar con una pelota que encuentre. Es decir, juega con algo que ha descubierto en su cuerpo. Pésima aquella vieja costumbre, en vigor todavía, de anatematizarlos con frases como: «El demonio te va a comer las manos». «Eso no se toca que te vas a poner malito», etc. Lo correcto será hablar con él de forma totalmente normal y explicarle, con palabras que entienda, que al igual que tiene manos y pies, tiene pene —lo de colita, etc. es un disparate—. Y poco más. Si acaso, ofrecerle una alternativa que lo distraiga con otra cosa, pero sin darle la menor importancia. Los niños y niñas deben ir aprendiendo a valorar y respetar su cuerpo como algo hermoso creado por Dios. Jamás como un objeto de pecado.

9ª Pregunta: Mi nieto/a, con frecuencia, suelta palabrotas aprendidas en la calle. Si no puedo llamarlas pecado, ¿cómo me refiero a ellas para que se corrija?

Respuesta: Sencillamente diciéndoles que son palabras muy feas que un niño/a educado no debe pronunciar, que hay otras que expresan lo mismo y son correctas. Por ejemplo, la expresión ¡hostia! se ha popularizado hasta el extremo de que los niños la repiten con tanta naturalidad que ni tan siquiera sospechan que pueda estar mal. Lo correcto, pues, es ofrecerle palabras, expresiones de recambio. Decirles que es pecado no sólo es mentirle sino crearle conciencia negativa de su vocabulario que se debe perfeccionar cada día y no tratando de suprimir palabras sino enseñando otras nuevas.

Tras las vacaciones de Semana Santa, cuando regresamos al colegio, algunos de mis alumnos de seis años acusaban a otro de haberlo visto en la iglesia haciendo dos pecados. Uno que le sacó la lengua al Cristo, y otra que no se arrodilló. Divertido, sí, pero preocupante, también.

10ª Pregunta: De vez en cuando hablo a mis nietos/as de Dios y de la Virgen. La verdad es que me preguntan cosas que no sé contestar, ¿se supone que no puedo hablar de estos temas con mis nietos/as?

Respuesta: Siempre dependerá de la edad de los niños y del grado de madurez. Si son pequeños —cuatro, cinco años— podemos crearle una gran confusión con temas de este calado. Recuerdo que mi nieto de cuatro años decía que la Virgen no era su madre porque nunca venía a darle de comer. En la guardería le habían hablado del tema. Otra cosa sería decirles por ejemplo: Dios es el creador de los mares, las montañas, el cielo, la tierra, etc. Es como un padre que nosotros no podemos ver pero Él si nos ve y quiere nuestro bien, etc. Los niños querrán saber más y es entonces cuando podemos decirles: Cuando seáis mayores entenderéis mejor. Hay cosas que los niños no están preparados para comprender, etc. Hay un poemilla en una de mis obras que les he enseñado a mis nietos cuando ha surgido el tema. Dice así: «Aunque no te vea / creo en ti Señor. / Tampoco veo el aire / y en el vivo yo».

A veces, los niños, aunque sean de corta edad, tropiezan con la muerte en una mascota, por ejemplo, e inevitablemente, junto al sentimiento pueden surgir los interrogantes: ¿Por qué se ha muerto? ¿Me tengo que morir yo, mi padre, mi madre...? La muerte no debe ser tema tabú para los niños. Es preciso explicarles que todo lo que vive muere. O sea que todos tenemos un principio y un final y que, por ejemplo, una rosa, muere cuando se marchita pero hasta que llega ese momento luce sus bellos pétalos en el rosal.

En definitiva, hablarles de la muerte con la misma naturalidad que les hablamos de la vida. Un pequeño de mi clase perdió a su abuelo, al que estaba muy unido, cuando sólo tenía seis años. Me decía: «Mi madre dice que mi abuelo está dormido pero yo lo que sé es que no está en su cama y que se lo llevaron metido en un cajón». Tremendo el drama de aquel pequeño que estaba perdido con respecto a la muerte de su querido abuelo. Mucho mejor hubiera sido decirle: El abuelo está descansando para siempre y lo vamos a llevar a un lugar que se llama cementerio, y que quiere decir dormitorio, donde están todas las personas que se han dormido para siempre. Le llevaremos flores, etc.

11ª Pregunta: Mis nietos/as no se dan cuenta de lo que me duelen las piernas y de lo mucho que me cuesta, por ejemplo, ponerles la mesa. ¿Se lo debo decir o mejor disimular para que no sufran?

Respuesta: En un término medio está siempre la solución. Deben saber que los mayores, los abuelos/as tienen achaques, limitaciones y que, a veces, cuesta llevar a cabo ciertos trabajos en los que ellos pueden echar una mano. Lo que no se puede hacer es valernos de nuestras «discapacidades» para que nos compadezcan o, lo que es lo mismo, presentarnos ante ellos como víctimas a las que hay que compadecer. «Abuela, ¿te quedas solita? —me preguntaba mi nieta de cinco años, al despedirse cargada de sentimiento—. No —le contesté—, me quedo con mis plantas, mi canario, mi ordenador… Interrumpiéndome, más repuesta de la emoción, exclamó: «¡Y con el teléfono para hablar conmigo!».

Los nietos son muy sensibles con sus abuelos, mucho más de lo que pensamos. No podemos, pues, cultivar en ellos sentimientos que les hagan tambalear sus legítimas e inocentes alegrías.

12ª Pregunta: Para mis nietos/as yo quisiera el mejor de los futuros o lo que es igual, desearía que fueran personas importantes de carreras universitarias y que lograran puestos de trabajo de relevancia, ¿cómo puedo colaborar?

Respuesta: No olvidando lo principal: Que tengan una infancia feliz, que crezcan en autoestima, que tengan una visión muy humana de todos y de todo, lo que equivale a enseñarles valores de solidaridad, tolerancia, igualdad, amistad responsabilidad, etc.

Desear que sean importantes no será jamás base donde cimentar algo positivo. No todos los niños llegan a idénticas metas, no todos pueden aspirar a altos cargos, etc. pero sí todos pueden entender y valorar sus competencias, su preparación en cualquier profesión, trabajo, dedicación…

Lo importante, pues, que deben transmitir los abuelos/as es una visión optimista, positiva, realista y solidaria con los problemas del mundo.

Y a propósito de todo lo dicho y para terminar esta primera parte, como la comencé unas cartas más dedicadas a mis nietos. Con ellas pretendo proporcionar unas lecturas sencillas, amenas y entrañables a los abuelos y abuelas que a buen seguro, se sentirán identificados con ellas, palabra a palabra.

11. Fin de la primera parte

Carta a mi nieto Gonzalo en su primer gol

Querido chiquitín:

Por fin has cumplido seis años, estás en una clase de «mayores», juegas al fútbol y por fin has metido tu primer gran gol. En las gradas del polideportivo, tu madre, tus otros abuelos y yo nos rompíamos las manos haciendo palmas, y tú, creyéndote televisivo, corrías por la pista imitando los movimientos y gestos de los grandes triunfadores. Era tal la dimensión del éxito que experimentabas que, incesantemente preguntabas: «¿Cuánta gente me habrá visto? ¿Y ya todo el mundo me reconocerá...?»

Doce de la noche. Hora en la que amainan los vaivenes del día y escucho los ecos nostálgicos de tu alegría y expresiones de felicidad por ese gol que de casualidad metiste y que, no obstante, para ti ha supuesto el paso definitivo a la «fama».

¡Qué maravillosa ingenuidad la tuya, vida mía! ¡Ojalá nunca tuvieras que despertar de tus maravillosos sueños!

No obstante, los años, la gente, la envidia en definitiva, a mala idea, te dispararán tal cantidad de «goles» que debes andar muy listo para no perder tu capacidad de lucha y transformarte, a cambio, en un mero, vulgar y vil jugador de malas artes.

Y en eso pienso, cuando tu duermes y sueñas con esta tu primera noche de campeón, y es que meter un gol en buena lid, y que haya manos para aplaudirlo, es cosa importante porque, a tus años, sobre todo, la autoestima crece y con ella los seres humanos se van elevando sin aristas, entendiendo que los dulces sonidos de la alabanza hay que ganarlos a pulso porque los gratuitos son monedas falsas que empobrecen y atontan al que las recibe.

Cuando tengas años para comprenderlas, lee estas líneas que te dedico y, en ellas, estas palabras: el envidioso no es otra cosa que un ser inferior que solo se delata.

Duerme y sueña, pequeño, con tu «televisivo» primer gol, y sigue creyendo que el mundo entero te reconoce por él, porque, mientras así pienses, el don maravilloso de la ingenuidad seguirá palpitante en el rutilar de esos tus ojillos negros.

Pero, al mundo, ya lo aprenderás, tus éxitos le importan un bledo, o lo que es peor: se conjurarán para arrinconarte, pero lo importante, lo único, aquello que te hará feliz y vivir con el alma en paz, será la conciencia de no haber dejado en blanco ni una sola página del libro de tu vida, ni una sola pincelada en el lienzo, obra de arte, que el creador, Dios, te encomendó al nacer.

Ése, sólo ése, será tu gran «GOL», tu auténtico triunfo.

Un beso, vida mía.

Y termino esta introducción y justificación con una breve carta dedicada a mi nieto Javier y a mi nieta Amalia el día de su Primera Comunión, carta publicada en el Diario Córdoba y que deseo me sirva de pórtico a esta obra que me entusiasma y motiva mucho, ya que en ella me voy a referir a lo mejor que hoy, por hoy, tengo: mis nietos. Sí, el contar como es mi convivencia con ellos, qué hacemos, qué hacen, etc. será el cometido de esta obra que a muchos abuelos destinatarios de sus nietos durante largos días, les servirá de ayuda para tener con ellos una convivencia feliz y constructiva.

Es cierto que daré de lado a otras tentativas literarias pero considero de suma necesidad el poner en manos de abuelos y abuelas, ávidos, sin duda, de recibirlas, mis propuestas, estrategias y textos, resultado todo de mi relación, día a día, paso a paso con todos ellos, pequeños portadores de grandes bienes y maestros ingenuos de los que tantísimo podemos aprender los abuelos y abuelas.

¡Ojalá pueda llevar a final de puerto mis grandes objetivos en esta mañana fría de enero de 2009 en la que empiezo a imaginar una obra de gran calado literario, práctico, sencillo y divertido!

Carta a mis nietos Amalia y Javier en el día de su Primera Comunión

Casi a la mano tengo aquel día de vuestro nacimiento, cuando mis brazos fueron los primeros que os acunaron en este mundo y mis labios los primeros que besaron vuestras mejillas.

Mis ojos fijos en vuestra realidad palpitante derramaron lágrimas de emoción, al tiempo que un sin fin de interrogantes me crecían sin respuesta en los adentros. ¡Cuántos desayunos y juegos compartidos! ¡Cuántas noches llenando el gran hueco vacío que el abuelo dejó en mi cama! ¡Con cuánta avidez viviendo y sintiendo vuestros momentos! Primera sonrisa, primeros balbuceos...

Pero he aquí que hoy vuestra Primera Comunión me obliga a dedicaros esta carta para deciros algo que un día podréis comprender porque, a pesar de tantas y variadas precocidades como profesáis, ignoráis la trascendencia y responsabilidad que conlleva esta ceremonia que nada tiene que ver con la gran fiesta que vamos a celebrar, ni tiene que ver con los regalos, ni con los vestidos...

No, mis queridos nietos: Hoy vais por primera vez a sentaros en la Mesa con Jesús para compartir su pan, y eso quiere decir que vais a formar parte de su pandilla porque así lo han querido hoy, vuestros padres, y así podréis decidirlo vosotros, mañana, cuando tengáis edad para decidir cosas. Y ser de su pandilla, ya lo sabéis, quiere decir ser sus amigos y que vais a ser como Él quería que fueran los que estuvieran en ella: amantes del prójimo, ante todo. Y el amor por todos os dictará la conducta que, como bandera jamás, por nada ni por nadie, deberéis arriar.

¿Un gran compromiso, eh? ¡Una maravillosa aventura, mis queridos nietos! Recordad siempre este día como el primer compromiso con aquel Jesús, amigo de los pobres, de los enfermos, de los marginados... Y recordad que serán muchas las veces que otra pandilla, amiga de la guerra, del odio, de la venganza, de la envidia... os invitará a formar parte de ella. No abandonéis nunca a este Jesús de vuestra Primera Comunión, pero sí, como mayores que iréis siendo, renovad la amistad y compromiso que hoy, entre todos, hemos decidido para vosotros.

¡Celebremos este día, mis queridos niños, extendiendo nuestros brazos al amor!

También hoy me emociono: habéis crecido.

Y pongo fin al introito de esta obra con un solo deseo: que sin pretensiones literarias y guiada nada más que por el amor que siento, que sentimos los abuelos por los nietos, pueda llevar a final de puerto mi objetivo.

Y sin más, pasemos a la segunda parte de esta obra, en la que podrán encontrar todo tipo de sugerencias y ayuda para llevar a cabo con los nietos esa gran aventura de ser abuelos, abuelas.

SEGUNDA PARTE

Estrategias prácticas para compartir con los nietos

BREVE INTRODUCCIÓN

Muy breve pero necesario esta especie de prólogo que viene a ser como un planteamiento didáctico de las propuestas que van a seguir a continuación y que van a abarcar las más variopintas posibilidades para que los abuelos tengan donde optar según su formación, deseos o, sencillamente, gustos.

Y ése es precisamente el objetivo fundamental de esta segunda parte: que los abuelos cuenten con una especie de manual o catálogo, sencillo y práctico, a la hora de elegir el qué y el cómo.

Lo importante, y en ello insistiré, es que ante la visita o convivencia diaria con los nietos no vayamos improvisando lo primero que se nos ocurra. Es muy conveniente tener preparada, como probable, alguna estrategia que induzca a los nietos a pasar un día o un rato de lujo con sus abuelos.

Para ello he reunido en cuatro grupos el conjunto de estrategias que a continuación voy a ir describiendo sin que se excluya, como es natural, cualquier iniciativa que se les ocurra en un momento determinado. Fuimos niños y niñas de juegos inventados. La creatividad anidó en nosotros al carecer de otros medios y bastará recordar un poco para reencontrarnos con ella y transmitirla a los nietos ya que, a pesar de los muchos artilugios que hoy tienen a su alcance, siguen siendo tan niños como lo fuimos nosotros.

Los grupos que voy a proponer son los siguientes:

GRUPO Nº 1:

Abarcará los siguientes apartados:

- CUENTOS.
- RETAHÍLAS.
- ESCENIFICACIONES.

GRUPO Nº 2:

Me referiré a las múltiples estrategias manuales que podemos realizar con nuestros nietos y nietas. Así que englobará:

- MANUALIDADES:
  - Materiales
  - Procedimientos
  - Ilustraciones

GRUPO Nº 3

Nada hay más indicado para los niños que el juego, sea el que sea. Por tanto, incluiré los más variopintos juegos.

- JUEGOS Y OTRAS ACTIVIDADES

El tiempo que los nietos pasan con los abuelos, tanto si es diario como ocasional, de ninguna manera puede quedar reducido a sentarlos ante el televisor para que vean lo que vaya cayendo, sea o no apto para sus edades o que, absortos e incomunicados, pasen las horas sumergidos en el mundo de los videojuegos.

Es necesario que los abuelos traten de hacer de dicha convivencia una experiencia constructiva y, sobre todo, festiva; convivencia que debe pasar por hacer de la rutina una recreación de valores mediante estrategias que, como bien cuidado índice, y como los mejores maestros, debe ser, como he dicho, programada.

Por experiencia vivida con mis ocho nietos y nietas, más amigos añadidos, puedo dar fe de que cada uno de los grupos propuestos, con infinidad de variedades, puede ser de gran valor educativo, al tiempo que entusiasma y motiva a la participación, creándose una dinámica activa y participativa que trasciende todas nuestras expectativas.

Se suele decir que los niños de hoy no saben jugar y que lo único que les interesa son los móviles, la Nintendo, etc. Yo invito a los abuelos, y por supuesto también a los padres, a que prueben a proponerles compartir con ellos un simple juego de parchís. Es totalmente seguro que lo preferirán a cualquier sofisticado juego, de los muchos que manejan constantemente. Y si bien los padres no disponen de tiempo —alguno deberían dedicar a los hijos— al menos los abuelos pueden y deben compensar esta necesidad vital de jugar, escuchar o contar cuentos, pasarlo bien, en definitiva, y aprender.

Y dicho esto, empecemos por el primer grupo.

Grupo número uno: cuentos

Breve reflexión

De toda la vida los abuelos y abuelas parecían ser los llamados, por excelencia, a entretener a los nietos contándoles cuentos o recitándoles poesías o adivinanzas, recogidas en viejas enciclopedias. También, a veces, para mantenerlos sin grandes alborotos, relataban, y relatan, historias terroríficas, provocando tales miedos que las noches se podían tornar insomnios y pesadillas. Recuerdo cómo en mi infancia, una de las mujeres que cuidaban de los siete hermanos que éramos, nos sentaba alrededor de ella y nos contaba historias de muertos y aparecidos, dejándonos sin respiración y con imágenes fijadas que en las noches se traducían en fantasmas de todo tipo.

Los cuentos deben ser detonantes de valores, provocadores de risa, creadores de huellas que no se borren jamás, porque las conclusiones que los pequeños saquen de ellos puedan serles de gran utilidad a lo largo de sus vidas. Nunca he podido olvidar el espanto que sentía ante aquella repetida historia, que conoceremos todos y que decía: «¡Ay, mamaíta mía quién será! / No te asustes, hija, que ya se irá. / Que no me voy, que subiendo el primer escalón estoy...»

No, por favor. Cuentos alegres, sin lobos carniceros, sin brujas, sin ogros, sin madrastras...

Sucede que no todos los abuelos están capacitados para calibrar el valor psico-pedagógico de los cuentos, y ya es bastante la voluntad que ponen en recrear a los nietos. Es por ello que vamos a ver detenidamente qué pasos a seguir en la narración de cuentos e historias:

1. *Antes de contar cuentos*

Ante la decisión de contar cuentos a nuestros nietos, si de antemano conocemos el día o el tiempo que van a pasar con nosotros, lo primero será preparar el cuento o cuentos, y para ello conviene saber lo siguiente:

1) SELECCIÓN DE CUENTOS

a) Los cuentos no pueden improvisarse al azar, en cualquier momento, sino que los abuelos deben tener previsto cuándo, cómo y qué cuentos van a contar, y elegir aquél o aquellos que estén en mayor consonancia con la edad de los destinatarios, con su vocabulario e intereses. Por ejemplo, a los pequeños de cuatro, cinco, seis años les gustan los cuentos de animalitos, y los cuentos que hablan de historias de papá, mamá, etc. Es decir, conviene buscar personajes con los que los niños se identifiquen a sí mismos, o identifiquen en ellos a familiares o amigos.

b) Deben tratar de que la situación narrada sea, de alguna manera, escenario conocido por los pequeños, fácil de captar y comprender: la casa, el colegio, los primos, etc.

c) Deben recordar la brevedad como garantía del triunfo. No olvidar que los pequeños no tienen desarrollado el pensamiento reversible, lo que quiere decir que no podrán relacionar el principio con el final, si el cuento es excesivamente largo.

d) Deben buscar un vocabulario que sea el usual entre los niños, si bien tienen que prever e incentivar que vayan aprendiendo nuevas palabras, así como su correspondiente significado.

e) Deben buscar cuentos, narraciones de contenido sencillo, evitando descripciones largas y haciendo primar el diálogo y algún que otro poemilla divertido.

f) Deben tener habilidad para que el final del cuento sea siempre algo sorprendente, pero del agrado de los pequeños. Es decir, que coincida con lo que ellos esperan.

g) No deben olvidar que los cuentos buenos son aquellos que provocan carcajadas y van sembrando en la memoria de los nietos buenos recuerdos.

h) Tampoco deben olvidar que la narración debe ser tan sentida y descriptiva que los niños la vayan visualizando como si se tratara de una película, para lo cual la lectura debe ser pausada, con gesticulaciones incluidas, manteniendo siempre, como en vilo, el final, la sorpresa.

ALGUNAS ANÉCDOTAS AL RESPECTO

No puedo dejar pasar y recalcar, una vez más, que la elección de cuentos debe conllevar una previa reflexión acerca del efecto que pueden causar a los nietos.

Los miedos a los que me he referido anteriormente no pertenecen sólo al pasado, sino que hoy por hoy se siguen contando historias, cuentos que dejan sobrecogidos a muchos niños.

Recuerdo algunas anécdotas muy ilustrativas:

1. Mi nieto de tres años llegó aterrorizado del cole porque la «seño» le había contado el cuento de *Los tres cerditos*. A su corta edad, comenzó a asociar al lobo con los perros, por lo que, nada más verlos u oírlos, corría, lloraba, se ponía histérico...
2. Una niña, tras escuchar el cuento de *La Cenicienta*, pensaba que se iba a morir su madre y tendría una madrastra. Padecía pesadillas y no podía soportar que ésta se ausentara. Cuando dejaba de verla, pensaba que ya no volvería más.
3. Con el cuento de *Blancanieves* ha habido niños y niñas que han sufrido una terrible sensación de soledad y abandono.
4. Una pequeña no quería salir a la calle. Lloraba amargamente cuando se veía obligada a ello, por ejemplo, para ir a la escuela. Investigué y la pequeña me contó que su abuela le decía que el sol tenía una mona muy mala que se llevaba los niños y que, nada más salir cada mañana, la soltaba para que le llevara niños, etc.

Y un largo etcétera que incluye mis experiencias personales, como ya he contado. Entre ellas, ¡y bien que me hacía sufrir!, el cuento de *Pulgarcito*. La crueldad de aquellos padres que abandonaban a sus hijos en el bosque me creaba tal inseguridad que me sumió en una terrible depresión, cuyas consecuencias, dada mi gran sensibilidad, pudieron ser tales que todavía sufre sus secuelas, porque hay momentos que sigo teniendo miedo al abandono, me sigo sintiendo insegura ante la estima de los demás...

Y así podría contar infinidad de recuerdos en los que los destinatarios han quedado marcados o, como mínimo, han vivido miedos e inseguridades como consecuencia de una narración contada sin pensar en las consecuencias.

2. Narración del cuento

Una vez elegido el cuento o cuentos que vamos a leer o contar a los nietos, tenemos que preparar el ambiente que, en cualquier tiempo, debe ser acogedor, tranquilo y alegre.

Al contar un cuento se deben tener presentes factores que serán decisivos en los resultados, veamos:

a) Relajación, ante todo. El cuento debe servir de instrumento de relajación, que compense la mucha actividad usual en los niños; lo cual no quiere decir que tengan que estar por completo estáticos y silenciosos.
b) El cuento se debe contar, como ya hemos dicho, no sólo con la palabra: la voz, los gestos, la entonación, las miradas, todo influye en un buen resultado.
c) Luego son importantes las pausas con miradas penetrantes y largas a los niños.

Alumnos de tercer curso escuchan entusiasmados la lectura de un cuento.

d) El cuento requiere cierta complicidad festiva. Luego los niños deben estar lo más cerca posible del narrador. Para ello deben sentarse en círculo de forma totalmente espontánea y cómoda.

e) Siempre que sea posible, hay que hacerles participar activamente en los cuentos, bien repitiendo frases, palabras, gestos...

f) Suprimir de la lectura o narración aquellas palabras o frases inútiles que nada aportan y pueden hacer bajar el tono de atención.

g) Una buena pronunciación, silabeando, a veces, y vocalizando, siempre.

h) Visualización de las ilustraciones que deben ser claras, de gran tamaño y, al ser posible, hallarse en láminas independientes del texto, de forma que se vayan mostrando.

i) Respetar cualquier interrupción que puedan hacer los pequeños, si van en la línea de mostrar interés, aportar alguna experiencia, etc.

j) Hacerles sentir que entre ellos, el narrador —abuelo o abuela— y el cuento no hay distancia alguna.

Una fotografía en la que leo un cuento a mis alumnos, puede dar fe de lo que apunto.

3. *Después de la lectura del cuento*

Toda narración leída o contada debe ser transcendida. Es decir, jamás un cuento, acaba con el «fin» de la narración. El cuento en sí no es el fin, sino el camino para conseguir objetivos, luego, tras su lectura, podemos considerar que es el principio real para la trascendencia que puede tener para la vida y aprendizaje de los niños.

Los abuelos, por lo general, no tienen formación en la línea que se precisa para este objetivo tan importante. Apunto, pues, algunas estrategias para que, de alguna manera entiendan, y tenga a manos recursos para hacerlo.

SUGERENCIAS PARA DESPUÉS DEL CUENTO

- Que opinen sobre los personajes del cuento.
- Que se identifiquen con el que crean se les parece más.
- Que dibujen al que más y menos les gusta.
- Que piensen si conocen a alguien que se parezca a estos personajes.
- Que improvisen una representación teatral del cuento.
- Que le pongan nota a los personajes.
- Etc.

Si bien considero que podrían bastar estas sugerencias, en mi línea de ser clara y práctica, creo que lo mejor será compartir como he celebrado yo con mis nietos, por ejemplo, una sesión de cuentos.

4. Ejemplo práctico: tarde de merienda con mis nietos un día de las pasadas Navidades

Como todo, la merienda en casa de los abuelos no debe convertirse en una mera rutina. Es decir, si bien los nietos pueden convivir con los abuelos en variadas ocasiones y con variados motivos, e incluso puede darse el caso de que estén en casa de los abuelos a la hora de merendar y los abuelos tengan que improvisar una merienda sin más, en mi ejemplo, que es práctica habitual en la convivencia con mis nietos, la tarde de merienda tiene otras connotaciones que la convierten en extra. Una, y es muy importante, es que se trata de que se reúnan todos los nietos, todos los primos, algo que ya de por sí es para ellos de gran importancia.

Por otra parte, no se trata de la clásica merienda o, lo que es igual, más o menos la merienda habitual, sino que se trata de una tarde especial en casa de la abuela en fechas señaladas y que se van repitiendo a lo largo de los años por lo que se llegan a convertir en «prácticas casi institucionales» que de ninguna manera se pueden dejar pasar. Por ejemplo, en días de Navidad, cumpleaños de los abuelos, Semana Santa, etc.

El día y la hora debe ser acordada con los padres a los que le puede venir de primera tener una tarde para ellos, libre de niños.

Para que el evento tenga mayor solemnidad, les hago una invitación personal que mando bien por correo postal, lo que les ilusiona, bien por email, en la que escribo algo así:

LA ABUELA ISABEL tiene el gusto de invitarte a una merienda que se celebrará en su casa el día ocho a las seis de la tarde. Asistirán todos los primos y primas.

A lo largo de la merienda se contarán cuentos y habrá sorpresas.

No faltes y procura aportar también algo que sorprenda a todos.

Lo vamos a pasar guay.

Abuela Isabel

Y comienzo la preparación. Sus edades oscilan entre cuatro y once años. Pienso, en primer lugar, qué les voy a preparar de merienda que les sorprenda y sirva ya de cena.

Llegados a este punto quiero advertir a los abuelos que no son necesarios demasiados gastos extras, ya que sorprender a los nietos es cosa relativamente sencilla con algo de imaginación. No obstante, si la economía lo permite, alguna que otra vez, como en el caso que voy a citar, se puede hacer una excepción y salirse de lo ordinario, sin que sea esto precisamente lo esencial en este tipo de convivencias.

Para la ocasión que cito, se me ocurre que lo mejor, lo más cómodo y lo que más les va a gustar es que, cuando estén en casa, llamemos a una pizzería y elijan la que ellos quieran. Como complemento, les preparo unos platitos de jamón, salchichón, patatas fritas y refrescos. Por supuesto, en platos de cartón pero elegidos con dibujos, etc. y a juego con los vasos.

Una vez planeada la parte comestible, tan importante, preparo el objetivo cuento. Para ello, empiezo.

1º BUSCO Y SELECCIONO EL CUENTO

- Para empezar, busco, entre los libros de los que soy autora, algún cuento que pueda resultar interesante, divertido y cuyo contenido no sea complicado, de cara a los más pequeños e interese y divierta también a los mayores. Cuento que se preste a reproducirlo de forma dialogada.
- Tras algunas dudas, me decido por el titulado, «El ratón y el gato», de mi obra *Cuentos y Escenificaciones para Primaria.*
- Pienso, y anoto, qué podemos hacer tras la lectura del cuento.
- Preparo la mesa de la cocina, que es la más grande.
- Coloco sobre ella los platos individuales, los vasos, servilletas y los platitos preparados, más una cestita de caramelos sin azúcar.
- Un ramito de flores naturales.
- Preparo los asientos de acuerdo con la estatura: sillas y taburetes.
- Como es invierno, con tiempo suficiente para caldear el ambiente, pongo la calefacción o brasero.

- En medio de la mesa, una gran fuente de palomitas que hago un rato antes de la hora de su llegada para que estén calientes.
- Etc.

En otra mesa aparte —me sirve la mesita de ruedas para traer y llevar los menesteres de la comida—, preparo lo siguiente:

- Una cesta o caja grande con folios, lápices, bolígrafos, rotuladores de colores.
- Otra cesta con gomas de borrar, sacapuntas, tubitos de purpurina, de pegamento, etc.

(Es muy importante, como hemos dicho, crear un ambiente hogareño y alegre).

Mis nietos llegan y en un instante, como un ciclón, lo tocan todo y lo alborotan todo. Pasado unos momentos, les digo:

—Bueno, vamos a empezar por la merendilla: ¿queréis que llamemos a la pizzería y que os traiga a cada dos la pizza que elijáis?

El sí es unánime y entusiasta.

Mientras llega el mensajero comemos de lo preparado en la mesa y con curiosidad preguntan:

—¿Y qué es la sorpresa, abuela?:

La sorpresa es un pequeñísimo regalo —pulserita de cordón y chapa para todos— guardada y cerrada en sobre de colores que coloco junto al plato de cada uno, con la orden explícita de que no se pueden abrir hasta que hayamos merendado.

Bueno, para no extenderme mucho, paso a la segunda parte y resumo:

2º LECTURA DEL CUENTO: EL RATÓN Y EL GATO

Tras la merienda y apertura alborotada de los sobres-regalo, recogemos todo. Hacemos en el microondas dos o tres paquetes de palomitas de maíz más y llega la hora del cuento.

Se tranquilizan, se sientan en sus respectivos lugares y empiezo una solemne y espaciada lectura:

El ratón y el gato

Esto era un ratón que salió a dar un paseo. De pronto lo vio un gato negro y muy grande que se dijo: Me lo comeré. Tengo mucha hambre.

Y empezó a correr detrás del ratón, pero el ratón corría más y se metió en un agujerito que encontró.

(Mi nieto de cuatro años interrumpe diciendo: ¿Y dónde estaba su mamá? ¿Y por qué se lo quería comer el gato?, etc. Por supuesto todas las preguntas conllevaban explicación, y no sólo por mi parte sino también por parte de mis nietos mayores).

El gato se sentó al lado del agujero, relamiéndose los bigotes y dispuesto a esperar que saliera el ratón que dentro del agujero temblaba de miedo.

Entonces pasaron por allí Javier y Ángela que iban al colegio. —Nombres de dos de mis nietos. A los niños les hace ilusión que los personajes tengan sus nombres.

—¿Qué haces aquí, gato? —le preguntaron.

—Esperando que salga un ratón tonto, que anda escondido en este agujero. Me lo quiero comer para desayunar, ¡mmm...! ¡Qué rico me va a saber!

(Interrumpe Ángela y exclama:

—¡En mi clase hay un niño que a mí me llama la tonta del bote, y no sé qué es eso ni por qué me llama así!)

(Esta interrupción implicaba muchas aclaraciones lo cual podía dar lugar a dejar de lado el relato. Por ello le dije:

—De todo eso vamos a hablar después, pero, como es un poco largo, seguimos con el cuento. y después te explico. Escuchad lo que paso):

—Eso no está bien —dijo Javier—. No te lo debes comer. ¡Pobre ratón! Es tan pequeño...

—Eres un gato malo —dijo Ángela—. ¿No te da pena del ratoncillo? ¿Y por qué le llamas tonto?

—Le llamo tonto porque se cree que se va a librar de mí, y no lo va a conseguir porque hasta que no salga, no me voy a mover de aquí. Y me lo quiero comer porque tengo mucha, ¡mucha hambre! Y si no como, me muero.

—Si quieres —dijo Javier— te damos un trozo de nuestros bocadillos.

—Sí —dijo Ángela—. ¡Y anda que no son buenos! Les ha puesto mi madre mantequilla y salchichón.

—¡Uy, uy! —exclamó el gato—. Se me hace la boca agua.

Y Javier y Ángela le dieron un pedacito de su bocadillo. El gato se lo comió, relamiéndose de gusto.

—¡Qué rico está, niños! —dijo el gato—. Gracias. Ya me voy a mi casa.

Y ya el gato se fue y dejó en paz al ratón.

También los niños siguieron su camino, muy contentos de haber salvado al ratoncillo, para el colegio pero, cuando volvieron la vista para atrás, lo vieron como salía corriendo del agujerito, camino de su casa.

3º PROPUESTAS PARA DESPUÉS DEL CUENTO

Lo primero fue atender a las interrupciones que quedaron pendientes y fueron muchas pero me referí más detenidamente a la de Ángela por considerar que, efectivamente, valía la pena que ella no se sintiera mal ante aquel apelativo que le adjudicaba un compañero: tonta del bote. Y le conté que yo lo que sabía es que era una niña que jugaba siempre con un bote y que hacía tonterías con él para ver si lograba hacer sonreír a los demás, etc.

Se comentaron muchas cosas, se opinó sobre lo que hicieron los niños y otras alternativas, etc.

Mis propuestas, que ya tenía previstas, fueron las siguientes:

- Que opinaran qué habrían hecho ellos de encontrarse con un gato tan grande y tan negro.
- Que se identificaran como gatos o como ratones, lo que equivalía a saber cómo andaban de autoestima.
- Que repitieran frases del cuento que pudieran memorizar.
- Que pensaran si en la vida real y en su transitar por las calles no podrían encontrarse con enemigos al igual que le pasó al ratón.

- Que aportaran soluciones en caso de perderse por la calle o de enfrentarse a determinados peligros.
- Que se detuvieran en los niños que ayudaron al ratón y pensaran como se puede ayudar a alguien que está en peligro.
- Que aportaran ideas sobre como ayudar a tanta gente que pasa hambre.
- Alrededor de la mesa, formando un corro, jugamos a «ratón que te pilla el gato», algo que resultó tan divertido que nos llevó largo tiempo. Todos querían representar al ratón o al gato y todos se aprendieron la cancioncilla que repetían una y otra vez: «Ratón que te pilla el gato / ratón que te va a pillar / si no te pilla de día / te pilla de *madrugá*».
- Que se organizaran —los dejé solos un corto tiempo con el achaque de tener que llamar por teléfono— improvisando un teatrillo, de forma muy sencilla, en el que se representara el cuento. Esta misión se la encargué a los mayorcillos. Y fue de lo más divertido. No voy a entrar en detalles pero al que eligieron de ratón, que tenía cuatro años, repetía: «Yo me *susto* del gato».
- Finalmente, y de nuevo tranquilos, tras la divertida escenificación, se sentaron a dibujar escenas del cuento.

Dibujos todos muy graciosos, ingenuos, que guardé, como hago siempre, en una carpeta especial.

Una tarde inolvidable para mí, pero sobre todo para ellos. ¡Ah, bueno! Como en el ejemplo citado era Navi-

Dibujo de Javier, de once años

dad, cuando terminamos con los cuentos y juegos, nos fuimos al salón, dónde tenía puestos Belén y Arbolito y con todos los cacharros sonoros que encontré, incluyendo varias panderetas, guardadas de un año para otro, cantamos villancicos populares, comimos dulces también navideños y... ¡colorín colorada, una linda tarde para ser recordada!

5. Otras sugerencias de cara a los cuentos

En mis numerosas obras destinadas a promover la lectura pueden encontrar los abuelos un gran abanico de sugerencias para ampliar y vivir los cuentos creando, aprendiendo y jugando.

Veamos algunos recursos que pueden ser de gran utilidad para los abuelos ya que, dada su gran sencillez, están al alcance de todos.

1) EL CUENTO INVISIBLE

Se trata de algo sumamente sencillo y de cara los nietos que ya están bien iniciados en la lectoescritura.

En un folio, con letra grande y clara, escribimos un cuento breve de forma que de vez en cuando, omitamos palabras y en su lugar pongamos un guión.

Prepararemos una copia para cada niño/a. Los niños tendrán que adivinar y escribir las palabras que faltan. Lo vemos con un ejemplo:

El pajarito atrevido

Un pajarito se fue a la ________________ y lo pilló por un ala una __________________ puñetera.

El pajarito lloraba y llamaba a __________ ___________________. ¿Por qué te has ido a la carretera? —le regaña su ___________________. Se me cayó la pelota y sólo quería ___________________________.

Bueno, esto casi no es nada, pero creo que puede servir para que de forma clara se vean las posibilidades del cuento invisible, cuyas dificultades estarán siempre en consonancia con las edades de los nietos.

2) EL CUENTO CHICLE

Una de las propiedades del chicle es que lo podemos estirar cuanto queramos. Así el cuento chicle será algo que haremos entre todos de forma que podamos estirarlo cuanto deseemos.

Ejemplo:

Sentados en corro, o alrededor de la mesa, y de forma oral, el abuelo/a empieza:

El cumpleaños de Mariano

Mariano era hijo único. Estaba acostumbrado a que todos los regalos que sus padres compraban fuesen sólo para él. Tampoco tenía amigos, porque andaba siempre pegado a las faldas de sus padres.

De pequeño no se daba cuenta, pero, cuando cumplió nueve años y pensó en celebrar su cumpleaños, se dio cuenta de que estaba muy solo. No sabía a quién invitar y lo único que se le ocurrió fue comerse la tarta entera él solo pero sin dejar de llorar al ver que no era como los demás niños.

(Al llegar aquí, el abuelo/a puede dar por finalizado el cuento, pero invita a los nietos a que por orden lo puedan estirar inventado palabras, frases que conduzcan a otro final).

Así, por ejemplo, un niño dice:

—Llamaron a la puerta del piso y era la vecina con un niño de la mano.

Otro añade:

—La vecina iba a darle un papel del cartero, pero el niño se soltó de la mano y fue a ver un canario que tenían en la terraza.

Un tercero dice:

—El niño dijo: ¡Qué bonito! Yo quiero uno como éste, mamá.

(La abuela vuelve a intervenir y sigue).

Mariano oyó las palabras de aquel niño y pensó: A lo mejor quiere también un pedazo de mi tarta...

Etc.

Creo que no es preciso continuar con el ejemplo porque es tan innegable la sencillez y valor pedagógico y literario de este recurso que para nadie será problema.

Hay que aclararlo a los pequeños, que no importa que el resultado sea disparatado. De hecho, la siguiente estrategia a la que voy a referirme, es precisamente al Cuento Disparate.

3) CUENTO DISPARATE

Lo vemos con un ejemplo:

El abuelo/a les da por escrito unas cuantas palabras que nada tengan que ver unas con otras. Por ejemplo:

- Azúcar.
- Colegio.
- Euros.
- Alcalde.
- Romper.
- Sol.
- Llorar.
- Etc.

El Cuento Disparate consiste en que escriban o cuenten algo pero sin dejarse atrás ninguna de las palabras propuestas, aunque eso sí, pueden añadir otras.

Así, puede resultar cualquier cosa. Por ejemplo, ésta:

> «El alcalde, cuando salió el sol, compró un kilo de azúcar, que le costó tres euros. Y se fue al colegio. Por el camino se le rompió el paquete y se puso a llorar».

(Este ejemplo fue el resultado de una de mis experiencias con mis nietos de cinco, seis años).

No puedo dejar pasar una experiencia muy linda con mis nietos más pequeños.

4) EL CUENTO ETIQUETA

Más que un cuento podría incluirlo en el capítulo de los juegos pero es igual y ya que estamos con los cuentos, podemos considerarlo también narración, por simple que pueda parecer.

Ejemplo de mi experiencia:

Voy a visitar a mis nietos de cinco y seis años. Lo primero, como siempre, pensar qué voy a llevarles, porque me esperan deseosos de recibir alguna sorpresa. Se me ocurre comprarles unos tacos de etiquetas de colores, cuaderno, lápiz y goma.

Nada más llegar y entregarles el regalito, me preguntan:

—¿Y esto para qué es, abuela?

—Ahora os lo explico. Vamos a jugar a escribir palabras. (Es un primer paso para llegar al cuento).

Y les explico:

—A cada uno os diré una palabra (con distinta dificultad, ¡claro!). Si la palabra está bien escrita, la iréis pegando en la primera hoja del cuaderno. Al de seis años, le propongo que escriba, eligiendo el color que quiera, los nombre de sus padres y hermanos. El de cinco años dice que quiere mejor hacer cuentas. Así que le pongo unas cuentecitas y me dispongo a seguir al de seis años que se muestra entusiasmado.

Como vemos en la fotografía ha escrito el nombre de sus padres, el suyo y el de sus dos hermanos. Y por su cuenta ha dibujado también una casita.

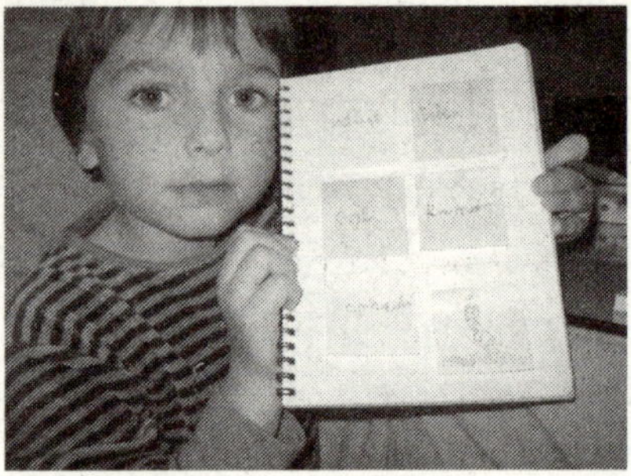

Gabriel muestra sus palabras escritas en etiquetas.

Le pongo una nota máxima, algo que lo estimula mucho. A continuación, le propongo, hacer igual pero con dibujos de lo que él quiera.

El resultado, la siguiente fotografía cuyos nombres yo he rotulado.

Dibujos de Gabriel.

Palabras escritas por Gabriel: Gabriel, Belén, Ramón, Gonzalo, Gabi. (Sus padres y hermanos).

Nombre de dibujos: volcán, cojín, lapicero, Nintendo, piscina, chaqueta.

A partir de esto, invento el cuento que, más o menos podría ser así:

Belén y Gabi fueron con sus tres hijos, Gabriel, Ramón y Gonzalo, de excursión. Ramón dijo:

—Mamá, yo me llevo mi chaqueta por si hace frío.

Y Gabriel dijo:

—Pues yo me llevo mi Nintendo para jugar en el coche y mi lapicero, por si quiero dibujar.

Y la mamá, Belén, dijo:

—Pues, para el hermanito, nos vamos a llevar un cojín, por si se duerme.

Y así se subieron en el coche y empezaron la excursión. De pronto, Gabriel dijo:

—¡Mira, mira, papá, mamá! ¿Aquella montaña parece un volcán!

—¿Y qué es un volcán? —preguntó Ramón.

—No lo ves —dijo Gabriel—. Pues una montaña muy grande.

—Sí, pero que echa humo y fuego a veces…

Etc.

El cuento se puede estirar todo lo que se quiera y siempre dependiendo de la capacidad de los abuelos para poder imaginar cosas. Es seguro que, sea como sea, siempre resultará de interés y entretenimiento para los nietos.

5) LOS CUENTOS DE LA OCA

Si bien la oca, como todos sabemos, es un juego, a mí, personalmente, me sirve para entretener a mis nietos con divertidos juegos que me invento sobre la marcha. De sobra sé que no todos los abuelos están capacitados para improvisar grandes historias pero estoy convencida de que todos, sin excepción, cuando se trata de nietos saben sacar incluso de dónde no hay. Son muchas las veces que he sorprendido, en pueblos y aldeas, a abuelos y abuelas, que ni tan siquiera sabían leer, contando historias a sus nietos y casi siempre inventadas, fantaseando desde su ignorancia pero conociendo de sobra el efecto de sus relatos.

Con los cuentos de la oca, los pequeños aprenden a mirar y ver, números, imágenes, gestos, objetos, etc.

Por otra parte es un juego sumamente conocido por abuelos y de ahí que les resulte cómodo inventar historias cortitas sobre sus imágenes.

Veamos el procedimiento y ejemplo:

—Por orden que establezcamos, echarán el dado y dependiendo de la imagen sobre la que caiga, habrá que entre todos improvisar una breve historieta. Ejemplo: Mis cinco nietos y yo hemos echado el dado y nos han correspondido las siguientes imágenes. La mía es la oca. Para darle pistas, empiezo yo:

Número 23: la oca que tenía mal genio

Esto era una oca que no quería ir al colegio porque un niño le llamó ganso. No dijo nada a sus papás pero se puso de tan mal genio que no la podían soportar. Un día la maestra le preguntó:

—¿Qué te pasa? No pareces la misma de antes.

—Es que un niño me llama ganso, y eso quiere decir que no trabajo y soy mala.

La maestra se echó a reír y le explicó:

—¡Que no, que no, que no quiere decir eso! Llamarte ganso es igual que llamarte oca. Es igual que si a una niña que se llama Josefa, le llaman Pepa. ¿Lo entiendes?

Etc.

Una vez más tengo que referirme a los abuelos que no estén capacitados para este tipo de improvisaciones narrativas, pero en ese caso, bastará con detenerse en el dibujo que corresponda y tratar solamente de explicar qué parece qué hace, a dónde parece que va, etc.

Así, en el siguiente dibujo, se puede sólo decir que parece que es una niña que le gusta mucho leer y ha encontrado un libro muy grande y que tiene el número 51.

En el siguiente dibujo, por ejemplo, que se trata de un médico que va con su maletín a visitar a un enfermo.

* * *

Y así, irán mirando y viendo, al tiempo que jugando ya que implica echar el dado una y otra vez.

Los Cuentos de la Oca podrían ser todo un tratado de lenguaje pero dejemos ese trabajo para los maestros/as. A los abuelos/as les bastará con estas simples sugerencias para que, como recurso más, tengan a mano una divertida forma de pasar un rato con sus nietos/as._

6) CUENTOS CON EFECTOS ESPECIALES

Este tipo de cuentos fue idea mía que ahora transcribo para los abuelos ya que me dio excelentes resultados con los pequeños en general y con mis nietos en particular, teniendo en cuenta que se trata de una forma original de hacerles partícipes activos de los cuentos.

La estrategia es algo muy sencillo. Os explico: Hay que buscar o escribir cuentecitos que impliquen, bien variadas onomatopeyas, bien gestos, bien movimientos que se irán simultaneando con las narraciones.

Como es natural se pueden combinar onomatopeyas, movimientos, etc. Todo depende de la capacidad creativa que tengan los abuelos/as, pero de cualquier forma voy a transcribir algunos escritos por mí y que te puedan servir de guía, pero sin olvidar que los abuelos/as, que se sientan capacitados, pueden escribirlos, con tal de que pienses en sus pequeñines y en las cosas que los motivan y gustan.

Ellos son movimiento, expresión, alegría...

EJEMPLO: LA NIÑA CAPRICHOSA (Cuento con movimientos)

Esto era una niña muy divertida y juguetona: Sus papás, cuando llegaba alguna fiesta le hacían regalos que la niña les pedía. Así su padre salió un día de viaje y le dijo a la niña:

—Hija, me voy de viaje ¿qué quieres que te traiga esta vez?

—¡Vale, papá! —exclamó la niña—. Tráeme una santa Teresa que mueva la cabeza.

Y cuando el padre regresó traía una santa Teresa que movía la cabeza. (Los niños moverán todos la cabeza de derecha a izquierda y de atrás adelante).

Otro día, con motivo de su cumpleaños, la mamá le dijo:

—A ver hija, ¿qué quieres que te compré para tu cumple?

—¡A ver, a ver! —dijo la niña pensando— ¡Ya lo sé! Cómprame un san Andrés que mueva los pies.

La mamá, tras recorrer comercios, encontró a un san Andrés que movía los pies. (Los niños moverán los pies alternativamente.)

Y muy contenta se lo entregó a su hija que muy divertida repetía, canturreando:

—¡Tengo una santa Teresa que mueve la cabeza! ¡Tengo un san Andrés que mueve los pies! (Los niños a un tiempo moverán la cabeza y los pies).

Otro día, el abuelo de la niña, que estaba en el pueblo, habló por teléfono con la pequeña y le dijo:

—Ya mismo me voy para allá. Te llevaré un regalo. ¿Qué quieres que te compre?

—¡Qué alegría, abuelito, que vengas! ¡Y qué alegría que me vayas a traer un regalito! ¡Quiero, quiero un perrito enano que mueva las manos!

Y el abuelo buscó a un hombre que hacía juguetes y le encargó el juguete para su nieta.

Así, cuando llegó, sacando un paquete, exclamó:

—¡Aquí tienes tu perrito enano que... ¡Mira, mira cómo mueve las manos! (Los niños moverán las manos).

Y la niña repetía:

—¡Ya tengo una santa Teresa que mueve la cabeza, y tengo un san Andrés que mueve los pies, y tengo un perrito enano que mueve las manos!

(Los niños repetirán palabras y movimientos, de forma que les resulte divertido mover cabeza, pies y manos a un tiempo).

Y cuando llegó el día de los Reyes, la niña les escribió una carta y tan sólo les pedía un extraño regalo: un mono chulo que moviera el culo.

Y los Reyes Magos le dejaron el mono chulo que movía el culo. (Los niños moverán a un tiempo cabeza, pies, manos y culo).

Este cuento será como un divertido juego, cuyos movimientos desencadenarán no sólo acciones sino una gran diversión.

Y vamos al segundo grupo muy, pero que muy interesante.

* * *

Grupo número uno: retahílas

Breve introducción

En mi obra titulada *Juegos y lecturas para los más pequeños,* la retahíla es la estrategia por excelencia. De ella tomo algunos fragmentos útiles para que los abuelos/as se conciencien de los beneficios de este recurso que de buen seguro todos, en mayor o menor grado, conocen y guardan en su memoria.

Para los pequeños, por muchas razones que a continuación analizaremos, retahílas y poesías son un bien necesario que se debe propiciar, tanto desde el ámbito familiar como desde el escolar.

He podido comprobar en mi larga vida profesional, por un lado, como madre, maestra, por otro y como abuela, sobre todo, que nada hay más cercano al niño/a que las retahílas y poemillas de sus juegos. En ellas están presentes todos y los mejores ingredientes imprescindibles para dar significado a sus intereses, movimientos, palabras, etc. ¿Qué madre, por ejemplo, para lograr que su bebé abra la boca y coma, con la cuchara en la mano, no ha formulado palabras rimadas como las siguientes: «Abre la boca, niño tragón, abre la boca que viene el avión», ¿O qué madre, abuela, etc. no ha repetido para lograr los primeros movimientos de las manitas de su bebé, aquello de «Cinco lobitos tiene la loba, etc.»?

De ahí que abuelos/as no puedan dejar pasar esta estrategia, mediante la cual, y con una metodología bien sencilla pasará, ante todo, por ser creativa, lúdica y eminentemente participativa, fomentando así competencias que de cara al futuro de sus nietos/as, tanto escolar como laboral, llegado el día, los harán personas válidas e insertas en la realidad del mundo que nos rodea.

Es por eso que aconsejo a los abuelos que aprovechen esta estrategia, sencilla y que tanto se presta al juego. No obstante me voy a detener poco en ella ya que el abuelo/a o lector que esté interesado en tener amplia información sobre este recurso, puede consultar, la obra que he indicado, *Juegos y Lecturas para los más pequeños* en la que de forma exhaustiva expongo teoría y práctica, ilustrando dicha obra con numerosas retahílas, juegos, poesías, etc.

La retahíla, por su cadencia, ritmo, musicalidad, estribillos recurrentes, podemos calificarla como excelente forma de compartir con los nietos tiempo y diversión.

Transcribo, literalmente, la nº 6 de la mencionada obra, titulada *Rataplán, rataplán*, retahíla que, como veremos, sirve para leer, memorizar, jugar, etc.

1. *Aprendemos retahílas. Procedicmiento*

RATAPLÁN, RATAPLÁN

Podemos proceder con un guión como el siguiente:

1º El abuelo/a dirá a los nietos/as: «Voy a empezar por leeros una cosita que os va a gustar. Escuchad bien porque después la vamos a leer entre vosotros y yo».

Y leerá con voz clara, vocalizando lo mejor que pueda y con ritmo:

¡Rataplán, rataplán...!
En un cuento me he perdido.
¡Rataplán, rataplán...!
¿Cómo me podré escapar...?
¡Rataplán, rataplán...!
Voy buscando y no encuentro,
¡Rataplán, rataplán...!
ni el principio ni el final.

¡Rataplán, rataplán...!
Yo me tengo que escapar
¡Rataplán, rataplán...!
de este cuento disparate
¡Rataplán, rataplán...!
sin principio ni final.

Si te quieres escapar
¡Rataplán, rataplán...!
de mi cuento disparate
¡Rataplán, rataplán...!
abre la puerta y corre, ¡botarate!
¡Rataplán, rataplán...!

2º El abuelo/a preguntará: «¿Os ha gustado? ¿A que el Rataplán, rataplán nos recuerda el repique de un tambor? Pues, vamos, ahora, a leer de nuevo esta retahíla. Vosotros sólo tendréis, a una señal mía, que repetir, con golpecitos en la mesa, como si fueran los tambores, rataplán, rataplán. ¿De acuerdo? Vamos a ensayar una vez».

Seguro que a los nietos les encantará la propuesta. Tenemos que insistirle en la necesidad, para que salga bien, de que vayan todos a un tiempo y tratando de que el sonido sea parecido al de los tambores. Por ello, al repetir, Rataplán, rataplán, iremos dando golpecitos en la mesa, levantado las manos y quedando en silencio para que el abuelo/a continúe la lectura.

Cuando logremos que lo hagan bien, lo repetiremos con movimientos acompasados de los pies como si camináramos en un desfile o procesión.

También podemos intentarlo con golpecitos en la mesa y movimientos acompasados de los pies, todo a un tiempo.

Es algo muy motivador. Veamos como hacerlo, tal y como está en la obra, si bien lo he adaptado, para utilidad práctica, en el caso de abuelos/as.

2. *Jugamos con las retahílas*

(Para la retahíla anterior se formarán dos grupos. Uno estará compuesto por los nietos. Otro por los abuelos/as. Podemos hacer el juego sentados o bien caminando como voy a proponer).

Como hemos dicho, los nietos, en principio, sólo repetirán de la forma que le hemos indicado, el Rataplán, rataplán. Los abuelos, serán la voz que vaya añadiendo versos.

NIETOS: (Simulando tocar el tambor, o con un tambor de verdad, darán vueltas por la cocina o salón, marcando el paso como si desfilaran en procesión y repitiendo el estribillo: ¡Rataplán, rataplán...!)

ABUELOS: (Dando vueltas y en actitud de búsqueda). En un cuento me he perdido. ¿Cómo me podré escapar...?

NIETOS ¡Rataplán, rataplán! ¡Rataplán, rataplán!

ABUELOS: Voy buscando y no encuentro, ni el principio ni el final.

NIETOS: ¡Rataplán, rataplán! ¡Rataplán, rataplán!

ABUELOS: Si te quieres escapar de ese cuento disparate,

NIETOS: ¡Rataplán, rataplán! ¡Rataplán, rataplán!

ABUELOS: abre la puerta y corre, ¡botarate!

NIETOS: ¡Rataplán, rataplán...! ¡Rataplán, rataplán...!

El juego se puede repetir de variopintas formas pero una vez que los niños se hayan movido, hayan sentido que jugaban, etc. conviene hacerles algunas sugerencias para, como en el caso de los cuentos, no terminar sin más ni más.

3. *Posibles sugerencias*

- Posiblemente la primera y la que más deseen es aprender la retahíla, cosa que se logrará con repeticiones de varias formas, aunque la más divertida será que los abuelos hagan el papel de tamborileros, repitiendo el Rataplán, rataplán, y ellos los versitos. Un buen objetivo éste de memorizar.
- Tocar el tambor, que puede ser simplemente una caja, y simular que desfilan en procesión.
- Citar ocasiones en las que oyen o ven tambores y tamborileros.

- Si está próxima la Navidad, podrán aprender el Villancico del Tamborilero.
- Botarate significa algo así como despistado. Que piensen y digan palabras sinónimas.
- Dibujar cosas que empiecen por «bo», como bola, botijo, borrico, bono, etc.
- Hacer palmas de diversas formas: aplaudiendo una actuación, por ejemplo, enseñando a un bebé, llamando la atención, bailando, etc.
- Además del tambor, que piensen, dibujen y digan objetos que sirven para hacer ruido en determinadas ocasiones, por ejemplo, panderetas, castañuelas, platillos, etc.
- Organizar desfiles con instrumentos originales y que suenen acompasados.
- Si está próxima la Semana Santa pueden organizar una especie de procesión, repitiendo el siguiente poemilla: «Quiero ser Nazareno / para ir en procesión / detrás del Cristo Bendito / con mi largo capuchón. / Madre Dolorosa, Madre de Dios / te regalo mi cirio / y con él mi corazón».
- Etc.

En la citada obra encontrarán una buena relación de retahílas, juegos y poemas. Y poco más que añadir, aunque insisto en la utilidad y buen resultado que da compartir retahílas con los nietos.

En mi experiencia puedo asegurar que he pasado ratos y ratos repitiendo con ellos retahílas que no se cansaban de canturrear. Hay una, que no es precisamente mía, sino de argot popular, que se repite más o menos así:

Todos: (Con musiquilla. Pueden empezar por cualquier nombre de los asistentes). Isabel comió pan en la casa de san Juan.

Isabel: ¿Quién yo?

Todos: Sí, tú.

Isabel: Yo no fui.

Todos: ¿Entonces quién?

Isabel: (Elige otro nombre). Ramón.

Y empieza otra vez la cantinela.

Todos: Ramón robó pan en la casa de san Juan.

Ramón: ¿Quién, yo?

Todos: Sí, tú

Etc.

Las retahílas, las adivinanzas, los chistes, los trabalenguas e incluso las canciones pueden ser fuente inagotable de entretenimiento para los nietos, amén de suponer un beneficio pedagógico nada desdeñable, ya que se potencia de forma lúdica el lenguaje oral, tan poco propiciado por padres y profesores que, ante todo y sobre todo, buscan un silencio que a su entender favorecerá la convivencia, olvidando que los niños, si bien de forma ordenada y serena, son, ante todo, juego, expresión, movimiento...

4. *Ejemplos de retahílas-juegos*

Antes de terminar este apartado me parece conveniente incluir algunas retahílas, transformadas ya en juegos, de forma que lo tengan fácil los abuelos que no por eso deben dar de lado a la bibliografía que voy indicando ya que les será de gran ayuda. En este caso me voy a referir a la obra titulada *Chiquitines*, editada por Narcea S.A. de Ediciones.

1) EL TRENECITO

No hace falta que dispongamos de un gran espacio. Ya sabemos que en los pisos, en general, no se dispone de metros para el juego pero basta que, con orden, juguemos, sencillamente, alrededor de una mesa o por los pasillos del piso. Todo dependerá del respeto y ritmo que impongamos.

Para el presente juego, los niños/as se pueden enganchar unos a otros como si fueran los vagones de un tren. Sin correr, y ordenados de mayor estatura a menor, caminan o dan vueltas sin soltarse y repitiendo:

NIETOS Y NIETAS: ¡Pi, pi, piiiii...! / Somos el tren / que viene de Madrid, / en esta estación —se detienen— / ¿alguien baja o quiere subir?

ABUELOS/AS: ¡Nosotros y nosotras! / ¡Nos queremos pasear!, / pero dinos trenecito, / ¿a dónde nos llevarás?

NIETOS Y NIETAS: De Córdoba a Sevilla / de Sevilla a Madrid / y volveremos a Córdoba / a la hora de dormir.

ABUELOS/AS: ¡Bien! No se hable más. / Subamos al tren / y todos a cantar:

(Todos a un tiempo)

Cuesta arriba, / cuesta abajo / ¡qué fatiga! / ¡qué trabajo! / ¡que te pillo, / que te mato / que te doy / con un zapato. / No te salgas de la vía / trenecito maragato.

(Si los nietos saben leer, se les debe dar escrita la retahíla. Si no saben, los abuelos pueden recitar estrofas que irán repitiendo los nietos/as).

2) EL TREN LARGO

ABUELOS/AS: En un tren muy largo / he ido a Madrid / he visto muchas cosas / y ya estoy aquí.

NIETOS Y NIETAS: (Con mucho ritmo y canturreando). ¡Parará-papá! / ¡Parará- pachín! / ¡El AVE de Sevilla! / ¡El AVE de Madrid! / ¡Parará-papá! / ¡Parará-pachín!

ABUELOS/AS: En un tren muy largo / he ido a la feria / he ido a Pekín / he visto muchas cosas / y ya estoy aquí.

NIETOS Y NIETAS: (Repiten) ¡Parará-papá! / ¡Parará-pachín! / ¡El AVE de Sevilla! / ¡El AVE de Madrid! / ¡Parará-papá! / ¡Parará-pachín!

TODOS: (Como si se tratara de una orquesta gesticulan y repiten.) ¡Parará-papá! / ¡Parará- pachín! / ¡El AVE de Sevilla! / ¡El AVE de Madrid! / ¡Parará-papá! / ¡Parará-pachín! ¡Parará-papá! / ¡Parará-pachín!

3) ¡QUE LLUEVA! ¡QUE LLUEVA!

No harán grandes esfuerzos los abuelos/as para lograr que los nietos/as aprendan de memoria y canturreen esta retahíla. Pero no sólo deben repetirla sin más, sino que deben acompañarla de movimientos que impliquen conocer derecha-izquierda, arriba-abajo.

Lo ideal sería hacerlo con sus paraguas. No obstante como puede ser peligroso se pueden simular con una simple hoja de papel de periódico.

Hasta que la aprendan, los abuelos y los nietos deben simultanear estribillo con versos. Así:

NIETOS: (Con palmas). ¡Que llueva, que llueva! ¡Que llueva, que llueva!

ABUELOS: ¡Que caiga mucha agua!

NIETOS: ¡Que llueva, que llueva!¡Que llueva, que llueva!

ABUELOS: ¡Que estrene mi paraguas!

NIETOS: ¡Que llueva, que llueva! ¡Que llueva, que llueva!

ABUELOS: ¡Que llueva para arriba!

NIETOS: ¡Que llueva, que llueva!¡Que llueva, que llueva!

ABUELOS: ¡Que llueva para abajo!

NIETOS: ¡Que llueva, que llueva! ¡Que llueva, que llueva!

ABUELOS: ¡Que llueva al derecho!

NIETOS: ¡Que llueva, que llueva! ¡Que llueva, que llueva!

ABUELOS: ¡Que llueva al revés!

TODOS: ¡Que llueva, que llueva! / ¡Que no deje de llover!

Esta repetitiva cantinela les encanta a los pequeños que pueden pasar largos ratos repitiendo exactamente lo mismo.

4) EL AUTOBÚS

El mismo procedimiento: los abuelos van diciendo versitos y los nietos el estribillo. En este caso con las manos en la boca harán como que tocan una trompeta. También pueden hacerlo con una especie de cartucho que la imite.

ABUELOS: ¡Qué coche más grande es el autobús!

NIETOS: ¡Tururú, tururú! ¡Tururú, tururú!

ABUELOS: Cuando llega a la parada / me subo corriendo / y con su movimiento / parece que tiemblo. / No corras tanto, autobús.

NIETOS: ¡Tururú, tururú! ¡Tururú, tururú!

ABUELOS: Que se me acaba el viaje / que me tengo que bajar /que me espera la escuela / que me espera trabajar.

TODOS: ¡Que viva, que viva el autobús! ¡Tururú, tururú! ¡Tururú, tururú!

5) ¡A LA VIRULÉ, A LA VIRULETA!

El divertido estribillo, ¡a la virulé, a la viruleta!, Lo pueden repetir de variopintas maneras: haciendo palmas, dando media vuelta a derecha e izquierda, levantándose y sentándose, etc.

NIETOS: ¡A la virulé, a la viruleta!

ABUELOS: Me paseo en bicicleta.

NIETOS: ¡A la virulé, a la viruleta!

ABUELOS: Toca el mono la trompeta.

NIETOS: ¡A la virulé, a la viruleta!

ABUELOS: Ronca que ronca la veleta.

NIETOS: ¡A la virulé, a la viruleta!

ABUELOS: Ponte ya la camiseta / ¡y a correr con la maleta!

NIETOS: ¡A la virulé, a la viruleta!

ABUELOS: Que yo corro en bicicleta / y si me quieres pillar / ¡una tendrás que comprar!

NIETOS: ¡A la virulé, a la viruleta! ¡A la virulé, a la viruleta! / Ya me la he comprado / con un gorro de soldado / con tambor y pandereta. / ¡A la virulé, a la viruleta!

Y un sinfín, todas las que deseemos las pueden encontrar en las citadas obras.

Grupo número uno: escenificaciones

Breve introducción

1. Atención a los «teatrillos»

Creo necesaria esta estrategia de improvisar o ensayar teatrillos con los nietos porque además de las ventajas de todo tipo que, al igual que los cuentos y retahílas, reportan las escenificaciones, los pequeños, y los mayores, se lo pasan tan bien que todo tiempo les resulta corto y desean repetir una y otra vez.

Soy consciente, una vez más, de que para muchos abuelos/as esta actividad puede resultarles complicada pero

NARRADOR 1º ESTO ERA UN PERRITO QUE NO TENÍA AMO.	PERRITO ¡GUAU, GUAU, QUÉ SOLO ESTOY!

NARRADOR 2º UN NIÑO LO ENCONTRÓ Y SE LO LLEVÓ DICIENDO...	NIÑO YA NO ESTARÁS SOLO; VENDRÁS CONMIGO.

les recomiendo algunos de mis «Teatrillos», editados por Narcea. Son breves, sencillos, divertidos y, por consiguiente, al alcance de cualquiera.

De todas formas, los niños por sí solos son capaces de representar escenas de la vida diaria. De hecho, con facilidad, y sin que sea valor para nada, a veces remedan a compañeros, profesores, etc. Y, aunque como digo es algo que debemos corregir, sí puede ser de gran utilidad la imitación de gestos, movimientos e incluso palabras que pertenezcan a personajes populares y conocidos por los niños. Sin ir más lejos y nada que ver con burlas ni cosas parecidas, mi nieta de nueve años imita la voz y gestos de la Duquesa de Alba.

Cuando yo era niña jugaba mucho con mis amigas a hacer teatrillos en el patio de nuestras casas, y nadie nos enseñaba. Nos las arreglábamos como podíamos, pero lo pasábamos muy bien.

Los abuelos/as no tienen por qué estar al corriente de principios metodológicos ni nada parecido. Les bastará con ser conscientes de lo bien que lo pasan los nietos haciendo escenificaciones. Por otra parte les bastará recordar lo mucho que les divertían a ellos en su infancia para caer en la cuenta de que los niños/as de hoy, como ya hemos dicho, no son tan distintos a los de ayer y también les gusta, y mucho, preparar teatrillos en los que de alguna manera se sientan protagonistas.

Para guía de quienes deseen recurrir a esta estrategia, les ofrezco un gran abanico de posibilidades, todas de gran sencillez y divertimento.

2. *Estrategias:*

1) TEATRILLOS MUDOS

Hay una fórmula de escenificar que yo llamo Teatro Mudo y que consiste como indica el nombre, en actuar sin palabras de por medio. Este tipo de teatro-juego es de lo más celebrado por los niños, ya que les hace mucha gracia ver a los compañeros, hermanos o primos actuando en silencio.

Veamos un ejemplo.

EL NIÑO CHUCHERÍAS.

(De mi obra *Cuentos y Escenificaciones para Primaria* de la editorial CCS).

Muy importante insistirle en la necesidad de que exageren las intervenciones gesticulando lo más posible.

Aparece, sin más, un niño con grandes bolsas de chucherías y comiendo a puñados y con la boca llena. Se pasea por la sala, cocina, etc.

Otro niño/a sale a su encuentro y le tiende la mano en señal de pedirle algo de lo que come.

El niño chucherías, que puede ser niño o niña, dice no con la cabeza y se esconde las bolsas detrás.

Repetidamente, otros niños/as, repiten el gesto de pedirle y repetidamente, con las bolsas escondidas, niega con la cabeza.

Un niño/a, haciendo de perrito, y de un tirón, por detrás, le quita las bolsas y se va corriendo.

El niño chucherías llora, mientras los demás se ríen.

Y así, sin mediar ni una sola palabra, queda muy claro el mensaje, en tanto que los niños/as aprenden y se recrean.

2) TEATRILLOS DE PAPEL. EL PERRITO ABANDONADO.

Se trata de facilitar muy breves textos, a fin de que puedan ser leídos sin problemas por los niños/as, si como mínimo están iniciados en la lectura.

Para ello son de gran utilidad, otra vez, las etiquetas, que podemos encontrar en tiendas de todo a 60 céntimos, y que pueden ser de distintos colores.

De antemano, las debemos preparar. Con un ejemplo será más fácil comprender esta creativa estrategia.

Lo vamos a ver, paso a paso:

1. Se empieza por escribir un cuentecito muy corto.

Por ejemplo: Esto era un perrito que no tenía amo. El perrito ladraba y decía: ¡Guau, guau, qué solo estoy! Pero un niño lo vio y se lo llevó diciendo: Ya no estás solo; te llevo conmigo.

2. Una vez escrito el cuentecito, hay que «repartir» el texto, de la siguiente forma:

a) NARRADOR.

b) PERRITO.

c) NIÑO.

¿Y qué le toca decir a cada uno?

Vamos a verlo con el ejemplo del cuentecito anterior:

a) NARRADOR: es el que va contando lo que pasa. En este cuentecito tendría que leer:

1ª Esto era un perrito que no tenía amo. El perrito ladraba y decía...

2ª Un niño lo encontró y se lo llevo diciendo...

b) PERRITO: es el que va a representar al perrito solo. Tendrá que leer: ¡Guau, guau, qué solo estoy!

a) NIÑO: Será el que represente al niño que coge al perrito. Tendrá que decir: Ya no estás solo; vendrás conmigo.

El ejemplo es algo muy simple pero creo que suficiente para entender la dinámica de esta forma de representación de cualquier guión por sencillo que sea.

Si los niños/as no saben leer bastará con una sencilla memorización que más o menos se aproxime al teatro.

Es importante que cada uno de los que intervienen tengan escrito, a modo de etiquetas, lo que les va a tocar decir y sepan cuando tienen que hacerlo. Para eso, el cuentecito lo conviertes en teatrillo. Así:

EL PERRITO ABANDONADO
TEATRILLOS CON DIBUJOS: EL PATITO COJO

3) TEATRILLOS CON DIBUJO: EL PATITO COJO

Se trata de lo siguiente: El abuelo/a, tras contar o leer

un breve cuentecito, propone a los nietos/as que dibujen las secuencias. Seguidamente con las secuencias delante lo irán escenificando.

Veamos un ejemplo:

EL PATITO COJO

Un día nació un patito que sólo una pata tenía. Con muletas andaba y nadar no podía.

Pero era feliz en el bosque y con las flores se divertía muchísimo.

Su mamá lloraba mucho y repetía: ¡Qué pena de mi hijo que no es como los demás! ¡Que sólo tiene una pata y mal puede caminar!

Pero un día llegó un médico y sin pensarlo lo operó. Le puso la pata que le faltaba y ya tenía las dos.

Y muy contento se fue corriendo al agua a nadar, a jugar…

Y la mamá, muy contenta, ya no lloró más.

4) SECUENCIAS DIBUJADAS POR LOS NIÑOS/AS

3. Escenificamos el cuento

Lo primero, asignar personajes que en este caso serán: patito cojo, mamá, médico, patitos.

Como es normal que haya más o menos nietos/as que personajes, pueden dos, por ejemplo, hacer de patito cojo, dos de mamá, etc. Uno sólo, en caso de que haya menos, representará dos personajes.

(Es conveniente que los nietos/as, con las secuencias ordenadas, narren, a su manera, el cuento).

El abuelo/a hará de narrador ya que es la parte que más texto conlleva.

Y empezamos:

ABUELO/A: Un día nació un patito que sólo una pata tenía. Con muletas andaba y nadar no podía. Pero era feliz en el bosque y con las flores y animalitos se divertía.

PATITO: (Simulará que anda con muletas o a la pata coja). Tengo una pata, pata patera / con ella camino por la pradera. / Tengo muletas, muletas *muleteras* / y son divertidas las muy puñeteras.

ABUELO/A: Su mamá lloraba mucho y repetía: ¡Qué pena de mi hijo que no es como los demás! ¡Que sólo tiene una pata y mal puede caminar!

MAMÁ: (Llorando y limpiándose los ojos con un pañuelo). ¡Qué pena de mi hijo que no es como los demás! ¡Que sólo tiene una pata y mal puede caminar!

ABUELO/A: Pero un día llegó un médico y sin pensarlo lo operó. Le puso la pata que le faltaba y ya tenía las dos.

MÉDICO: (Como si estuviera dispuesto a rajar y coser) ¡Ea! Las penas se van a terminar, porque una pata de palo le voy a poner al chaval.

ABUELO/A: Y muy contento se fue corriendo al agua a nadar, a jugar… Y la mamá, muy contenta, ya no lloró más.

PATITOS: (Todos a coro) ¡Bienvenido al lago, amigo patito! ¿Nos dejas tus muletas un ratito? Queremos con ellas jugar, queremos con ellas correr. ¡A la una, a las dos y a las tres!

(Todos juegan a la pata coja)

Otra forma de representarlo sería a modo de lectura colectiva. Es decir, los abuelos/as por un lado; los nietos/as, por otro.

4. Otros guiones para hacer teatro con los nietos

(De mi obra, editada por CCS, *Lecturas y Juegos para los más pequeños*).

1º UN PAJARITO NADADOR

En tanto que los nietos/as no sepan leer, los abuelos/as harán de narradores, dejando a los más pequeños frases cortas y sencillas que entiendan y sean capaces de repetir, si bien no es necesario que lo hagan literalmente.

ABUELOS/AS: Un pajarito se quiso bañar / a orillas del río, a orillas del mar. / Su mamá le dice, dándole una voz:

MAMÁ: Así, no; ponte ahora mismo el flotador.

ABUELOS/AS: Y el pajarito contesta:

PAJARITO: ¡No quiero flotador! Me quiero bañar como un gran señor.

MAMÁ: Te puedes ahogar —le dice su mamá—. Eres pequeñito; no sabes nadar.

PAJARITO: Pero tengo alitas, ¡ja, ja, ja! Y puedo volar. ¿Acaso no lo sabes, querida mamá?

MAMÁ: ¡Claro que lo sé! Pero tú no sabes la verdad, que las alas no sirven, si no sabes volar.

PAJARITO: Llevas razón, mamá. Enséñame a volar, enséñame a nadar, enséñame a ser bueno, obediente y divertido. Enséñame a ser pajarito servicial que a otros pajaritos enseñe a nadar y a volar.

EL PAJARITO DESOBEDIENTE

ABUELOS/AS: Un pajarito se fue a la carretera / y le rompió un ala una moto puñetera. / El pajarito lloraba, lloraba mucho porque no podía volar.

PAJARITO: (Puede ser un solo niño/a o varios. Llorando y gritando). ¡Mua, mua, mua! ¡Quiero ir con mi mamá!

ABUELOS/AS: Y Gabriel, (Puede ser cualquier nombre de los nietos/as.) un niño bueno, con cuidado lo cogió, con una tirita el ala le curó.

GABRIEL: (Poniéndole tiritas en el brazo.) Ya estás curado, pajarito, ya puedes volar. Pero ya sabes que tienes que hacer caso de tu mamá.

PAJARITO: Es verdad, pero yo sólo quería jugar. Se me fue la pelota a la carretera y me rompió el ala, una moto puñetera.

GABRIEL: ¿Y aprendiste la lección?

PAJARITO: ¡Claro que sí! Nunca, nunca más correré tras el balón. Me lo dice mi mamá y lleva mucha razón.

TODOS A CORO

Un pajarito se fue a la carretera
y le rompió un ala una moto puñetera.
El pajarito lloraba, lloraba mucho
porque no podía volar.
Un niño lo salvó
y el pajarito aprendió la lección:
No se puede ir a la carretera
detrás de un balón.

Y, la verdad, que poco más creo preciso decir porque estoy segura de que abuelos y abuelas, con tanto amor como sienten por sus nietos/as y con la ayuda de estas sencillas estrategias, lograrán pasar horas divertidas y compartidas; horas que por otro lado se les pasarán muy rápidas, sin apenas notar el tiempo, ya que la dinámica de este grupo de estrategias dará de sí para llenar huecos, horas de convivencia.

Pasamos, pues, al segundo grupo de recursos del que una vez más doy fe de resultados tan increíblemente positivos y compensatorios que dudo si seré capaz de transmitirlos tal y como los he vivido, tal y como los vivo.

Grupos de niñas y niñas haciendo teatrillos

Grupo número dos: manualidades

Breve introducción

Sí, breve, porque si de algo saben mucho los abuelos ¡y no digamos las abuelas! es precisamente de manualidades, dado que en los años de su infancia todo, prácticamente todo, había que inventarlo para poder jugar. Así me recuerdo con infinidad de juguetes «caseros» y con materiales ínfimos como cajas de cartón, papelillos de colores, cristalitos, etc.

¡Qué larga historia sería contar los juegos de nuestra infancia! ¡Hasta maquinitas de cine inventábamos! ¡Y qué bien lo pasábamos! Parece que me veo, largos y calurosos días de verano, en casa de mi abuela y en compañía de mi amiga Leo, haciendo, dirigidos por mi abuela, un farolillo con una sandía pequeñita y ¡qué ganas de que llegara la noche para encenderle la velilla y, colgando de mi mano, pasearlo por las calles del pueblo! Y me veo haciendo colonias con pétalos de rosa y alcohol, perfumes que jamás llegaban a serlo pero, ¡cuánta ilusión y cuánta creatividad! Y me veo guardando trapitos para hacer mis muñecas que paseaba en una caja de cartón, transformada en carrito.

En fin, nos bastaba un papelillo de color —cosa difícil de encontrar en aquellos años— para ponernos mano a la obra a hacer pañitos o vestidos para nuestras muñecas recortables.

Los abuelos saben bien de qué hablo. No obstante, este arsenal de creatividad, caído en el olvido por tantos y tan sofisticados juguetes de los que hoy por hoy son de uso normal por nuestros niños y niñas, es de un enorme valor que transmitir a los nietos, que se sentirán encantados de realizar trabajos tan sencillos y creativos.

No hace mucho, en un día de campo con mis hijos y nietos, me llevé unas agujas de hacer punto y un ovillo de lana. Quería ver la curiosidad que aquella vieja costumbre de hacer bufandas, jerseys, etc. despertaba en mis nietos/as. Al poco de llegar, saqué agujas y ovillo y, como si nada, comencé a trabajar. ¡Ni cinco minutos tardaron mis nietos, todos, niños y niñas, en pedirme que les enseñara! ¡Qué bien lo pasé comprobando como, al igual que yo, cuando niña, se sentían felices de aprender algo tan olvidado, tan pasado de moda!

A los pocos días, una cita en mi piso para que cada uno, con sus respectivas agujas y ovillos, volviéramos a la actividad.

Y así, todas y cada una de las estrategias que voy a proponer a continuación y que, sin duda, conocen muchos abuelos y abuelas, pero que no está de más refrescar la memoria y ponernos manos a la obra por el bien de nuestros nietos/as y también por el nuestro, que lograremos veladas serenas con ellos, ocupados y aprendiendo de forma tan lúdica y creativa.

1. Materiales necesarios

Antes de seguir, el factor «materiales» me parece sumamente interesante, porque no se trata de hacer desembolsos económicos de gran calado, ni mucho menos. Los materiales de deshecho son un bien de gran valor, si sabemos ver en ellos posibilidades creativas. Por ejemplo, los rollos de papel higiénico, tanto con papel como sólo el cartón, una vez terminados, así de la misma forma, cualquier rollo de lana, etc. Botes, latas, cajas, envases de todo tipo, bombillas fundidas, etiquetas, clips de colores, cartulinas, tijeritas de punta redonda, barras de pegamento, papeles de seda de variados colores y un largo etcétera que una vez puestos a ello los abuelos encontrarán infinidad de cosas así como la utilidad práctica de cara a sus nietos. Por ejemplo, una simple caja con piedras de colores y variadas formas, —se pueden comprar en bolsitas en tiendas de todo a 60 céntimos— puede ser algo de resultados sorprendentes como veremos más adelante.

Es muy conveniente que los abuelos tengan en casa una cesta o caja con todas estas pequeñas cosas que, sin duda, motivarán mucho a los nietos. Los míos, nada más llegar al piso, se van derechos en busca de la gran cesta que tengo con infinidad de baratijas y desechos.

Por supuesto, los rotuladores de colores, lápices, ceras, gomas, sacapuntas, etc.

En fin, creo que lo mejor será comenzar con este recordatorio de estrategias. Como ilustración primera, fotografía de la caja de cristalitos que a mis nietos, sobre todo a los más pequeños, les apasiona. A mí, también.

Caja con piedrecitas de cristal

¿Una confidencia? A veces, cuando me siento algo baja de ánimo, saco esta caja y me pongo a crear figuras.

Mis estrategias podrán ser modificadas y mejoradas por aportaciones nuevas, tanto de abuelos como de nietos. Y precisamente en ello radicará la efectividad creativa, y lúdica esencial en esta obra.

Y sin más dilaciones, vayamos a las estrategias que trataré de exponer de forma que resulten amenas, sencillas de realizar, creativas y prácticas.

• • •

2. Estrategias, materiales y procedimiento

ESTRATEGIA NÚMERO UNO

FIGURITAS DE CRISTAL

Y ya que he mencionado el tema de las piedrecitas de colores vamos a empezar por ellas.

La verdad es que me sentía enormemente feliz en mi infancia, cuando, cosa rara en aquellos años, encontraba un trozo de cristal que no fuera verde o blanco, colores únicos que se correspondían con toda clase de botellas y vasos. Cuando encontraba, por ejemplo, un trocito de cristal rojo lo guardaba como un tesoro. Después lo machacaba con una piedra hasta hacerlo cristalitos con los que componía sobre piedras lisas toda clase de divertidos muñecos, flores, etc.

De ahí que me sigan entusiasmado esta especie de chinas de cristal tan variadas en formas y colores. Cuando las encuentro en alguna tienda, no me resisto a comprar una bolsita más.

Para mis nietos es algo tan maravilloso como para mí, y no sólo para los más pequeños, los de once y doce años se entusiasman de igual forma.

PROCEDIMIENTO

Lo esencial es tener gran cantidad de estos chinos, cosa que se puede ir adquiriendo poco a poco, ya que su coste es reducido y están en tiendas de chinos y de todo a 60 céntimos.

Lo siguiente es tan sencillo como sacar la caja, vaciarla, bien sobre una mesa o sencillamente en la alfombra y proponerles que traten de hacer figuras. No hace falta

1

2

3

4

5

6

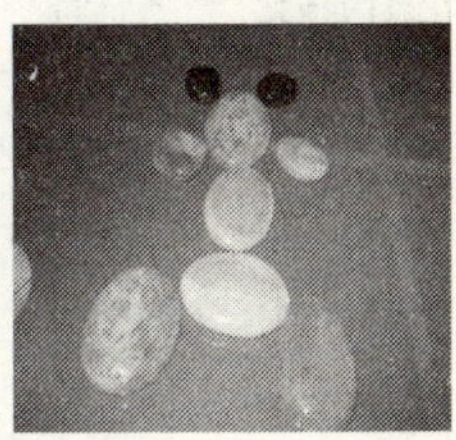

más porque los niños, si bien puede que al principio anden un poco despistados sobre qué hacer, pronto unos y otros encontrarán cientos de cosas que representar.

A continuación voy a ilustrar esta sencilla estrategia con resultados obtenidos de mis nietos más pequeños —cuatro, cinco y seis años.

Para mí, son todos maravillosos y máxime la descripción que cada uno hace de su composición:

1. Lluvia de estrellas.
2. Payaso.
3. El cielo.
4. Flor.
5. Flor con hojas.
6. Niño.

SUGERENCIAS

Una y otra vez tendré que insistir en la necesidad de que los abuelos se sientan relajados y a gusto con los nietos, sin más pretensiones que las puramente lúdicas, porque todo lo demás llegará por añadidura.

Mis sugerencias van encaminadas para quienes quieran y puedan ampliar a otros niveles todas y cada una de las propuestas.

La actividad no tiene porque terminar aquí. Los abuelos pueden iniciar una sencilla dinámica de lenguaje, pidiéndoles, por ejemplo, cosas como las siguientes:

- Que digan nombres de flores.

- Que canten alguna canción sobre la lluvia, por ejemplo: ¡Que llueva, que llueva! Etc.
- Que cuenten cosas que han visto en un circo, además de los payasos.
- Que expliquen cuándo y cómo pueden ver la luna.
- Qué es en verdad o a qué llamamos lluvia de estrellas.
- Etc.

¿Sencillo, verdad? Pues ¡hala, a comprar la primera bolsita de chinos mágicos que es como yo les llamo! Y a esperar que los nietos/as nos recreen con sus ingenuas figuritas de cristal.

ESTRATEGIA NÚMERO DOS

TAPETITOS DE SEDA

¡Esto sí que es conocido por abuelos y abuelas! ¿Quién no ha hecho en su infancia o tal vez en edad adulta, tapetitos de papel de seda? No obstante pocas veces se nos ocurre enseñar a los nietos esta sencilla y entretenida actividad que tan poco precisa, que tanto distrae y tanto enseña: hacer bien dobleces, precisión a la hora de los pequeños cortes, variedades que se pueden obtener, etc.

¡Cómo recuerdo la ilusión que me hacía, de niña, hacer este tipo de trabajos! Tenía una verdadera colección de ellos que, celosamente, guardaba en cajas o sobres.

Las posibilidades entonces eran tan reducidas que ni tan siquiera podíamos contar con periódicos o revistas. Yo aprovechaba el reverso de los sobres que llegaban al Banco

—mi padre era el director—, y que recogía de las papeleras. Tenían tenues trazos de otro color, más los tonos que, con mis malos lápices, lograba.

Es una técnica, como he dicho, que los mayores conocemos pero no así los pequeños de ahora que, una vez que se les enseña, se ilusionan igual que entonces. Son deliciosos los ratos que paso con mis nietos y otros niños, haciendo tapetitos en papel de seda de colores o, sencillamente, en hojas de periódico o revistas que conllevan gran colorido.

MATERIALES

Como materiales sólo precisan, para empezar:

- Hojas de periódico o cualquier otro tipo de papel. El llamado papel cebolla —papel de seda— es muy a propósito.
- Tijeras que serán siempre de puntas redondas.
- Más adelante podremos proponerles, según edad, otras estrategias que veremos en sugerencias.

PROCEDIMIENTO

Para empezar, conviene tener algún que otro tapetito hecho para cuando lleguen los nietos.

Una vez en casa, podemos sacarlos como si se tratara de algo muy especial y sencillamente decirles*:* ¿Os gustan estos tapetitos que yo hacía cuando niño/a? Si queréis os enseño.

Sin duda estarán deseosos de aprender, por lo que podemos pasar a repartirles, previamente preparados con el material preciso, hojas de periódico, papel cebolla, etc.

Y procedemos paso a paso.

Doblamos el papel de forma que podamos lograr un cuadrado lo más perfecto posible.

Una vez que tengamos el cuadrado volvemos a doblar dos o tres veces, siempre en triángulos.

Después le damos unos cuantos cortes de forma caprichosa en los bordes, pero cuidando de no cortar el triángulo en su totalidad.

Redondeamos la punta.

Abrimos y tendremos el pañito.

Se le pueden añadir círculos, por ejemplo, de cartulina, etc.

A continuación voy a tratar de ilustrar paso a paso.

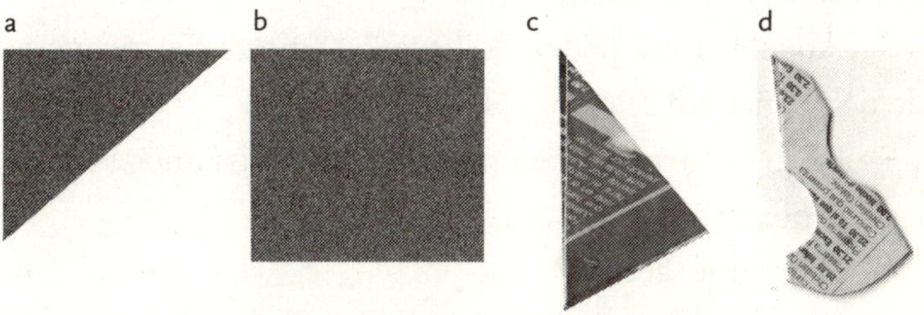

a) Doblar y cortar; b) cuadrado obtenido; c)dobleces en triángulos; d) cortes en triángulos

RESULTADOS

También se puede conseguir por el mismo procedimiento estrellas de distinto número de puntas. He aquí un ejemplo:

Estrella de Navidad

Y como sugerencias, pegarlos en base de otro color, pegarles lentejuelas, pintarle círculos o como en el ejemplo de la ilustración, círculos de variados colores en cartulina.

ESTRATEGIA NÚMERO TRES

PIEDRAS PRECIOSAS

—Abuela, ¿qué podemos hacer? —me decía mi nieta de ocho años un día en la playa.

—Se me ocurre —le contesté— que podríamos buscar chinas blancas y que estén lisitas.

—¿Para qué, abuela?

—Ya veremos. Algo pensaremos para pasarlo bien con los primos.

Y con un cubito en la mano nos dispusimos a recorrer la playa recogiendo chinas de todos los tamaños. (Algo que se puede hacer con una simple excursión al campo).

Después, en la casa, los reuní y les propuse.

—¿Qué os parece si en estas piedras dibujamos algo bonito y las colocamos como adornos?

Y así lo hicimos. Como siempre, cuando voy con ellos, sea a donde sea, llevo a cuestas mi cesta o caja de diversos materiales. Así que, manos a la obra, hicimos lo siguiente:

- Lavamos las piedras con estropajo y jabón para que se quedaran limpias de arena pegada.
- Les indiqué la libertad de dibujos que quisieran hacer con la posibilidad de lavar la piedra, si queríamos borrar algo y empezar de nuevo.
- Les coloqué un vaso con rotuladores de varios colores y tipos: de punta fina, de punta gorda, fluorescente, dorada y normal.
- Y nos pusimos a trabajar todos.
- Una vez logrados resultados satisfactorios, se me ocurrió que podíamos echarle laca del pelo para que fijaran los rotuladores y los dibujos quedarán más brillantes.
- También les indiqué que podíamos pegarle lentejuelas, algo que les entusiasma en todos los trabajos.

Y bueno, fotografié algunas que todavía conservo como piedras preciosas porque salieron de las manos de lo más precioso que encuentro hoy por hoy en la vida: mis nietos.

Isabel María y Javier: Ocho y diez años

No dejemos de rastrear, abuelos y abuelas, para recoger todo aquello que podamos convertir por arte del amor en creatividad, entretenimiento y diversión para nuestros nietos.

ESTRATEGIA NÚMERO CUATRO

FLORES CLIPS

¡Cuántas y en qué variadas ocasiones la mayoría de los abuelos hemos usado clips para necesidades de todo tipo: unir hojas, sujetar tarjetas…!

En esta ocasión vamos a entretener a los nietos con inéditas sugerencias a base de los humildes y conocidos clips. Una cajita de varios tamaños y colores es un excelente material que no puede faltar en nuestra cestita de materiales. Veamos propuestas.

Una de las más sencillas y rentables en cuanto a montajes de todo tipo son las flores clip.

MATERIALES NECESARIOS

- Cartulina de varios colores.
- Clip de distinto tamaño, bien de colores, bien, los de uso normal.
- Tijeras.
- Pegamento
- Algunas acuarelas, si queremos.
- De igual forma, lentejuelas y purpurina.
- Y poco más que se nos ocurra sobre la marcha.

PASOS A SEGUIR

1. Se recortan círculos de cartulinas de distintos o iguales tamaños —a gusto— de un solo color o de varios.

También a gusto. Si los nietos son muy pequeños, se los damos ya recortados.

2. Se les abre en el centro un pequeño orificio, anteriormente dibujado para que salga lo mejor posible.
3. Se les van colocando clips alrededor, pudiendo hacerse de las formas más variopintas:
   - Alternando colores.
   - De un solo color.
   - De uno en uno de forma simétrica.
   - Alternando uno, con dos; uno con tres; dos con dos, etc.
   - Y como se nos ocurra o se les ocurra a los nietos/as.
4. Una vez terminados, cuidando, como he dicho, de que estén de forma simétrica y bien colocada, se pegarán sobre un trozo de cartulina del color que cada uno elija.
5. El pegado se hará previo sencillo diseño sobre la cartulina del efecto que busquemos: ramo, campo de flores, etc.
6. Finalmente, se recortan unas hojas, también dibujadas previamente sobre cartulina verde, y se pegan a gusto de cada uno (es conveniente darles platillas de las hojas, sobre todo si son pequeños).
7. Con las acuarelas se les puede dar un toque distinto para disimular, si queremos, que resulte menos simple la cartulina.
8. No es necesario que indique la variedad y cantidad de posibilidades que se pueden alcanzas trabajando con este sencillo material:
   - Porta-retratos con decorativos clip de colores.

- Platos de cartón.
- Estrellas, flores, mariposas, etc. Siempre previamente recortadas.
- Etc.

Observemos los siguientes ejemplos ilustrativos conseguidos por mis nietos de siete, ocho y nueve años.

Cuadros decorativos logrados con clips

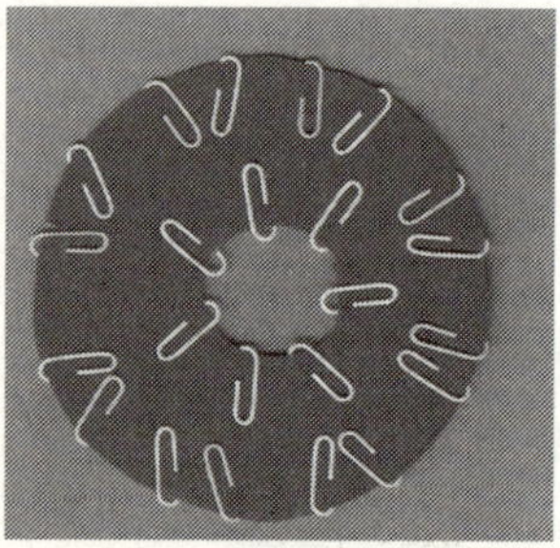

Trabajito de Gabriel, cuatro años

Creo que es una actividad al alcance de todos los abuelos, aunque siempre, y lo llevo repitiendo desde el principio, es muy importante trabajar a la par con ellos y no dejarlos solos dándoles la peligrosa impresión de que tan sólo perseguimos tenerlos entretenidos, sin más. Por el contrario, nuestra participación les hará sentir que somos cómplices de la actividad que realizamos.

También conviene dejarlos e incluso invitarlos a que los más aventajados ayuden a los demás con sugerencias e incluso compartiendo trabajo.

Para mayor motivación y consideración de sus trabajos, bien los guardaremos cuidadosamente con el fin de mostrarlos en alguna reunión familiar, bien, si lo prefieren, lo llevaran a casa para obsequiar a padres o madres en el día de su cumpleaños, por ejemplo.

En la siguiente fotografía, una alumna muestra feliz su estrella hecha de clip y chinchetas. Prácticamente, como puede observarse, todo el Belén está hecho a base de estas sencillas estrategias.

Portal de Belén con decoración a base de estrellas, clips y chinchetas

ESTRATEGIA NÚMERO CINCO

¡VIVAN LAS CHINCHETAS!

Y al mencionar el tema de las chinchetas, en la actividad anterior, me voy a referir a ellas, aunque advirtiendo que los más pequeños pueden pincharse con ellas, por lo que no es conveniente su uso si no tienen ya hábitos de cómo manejarlas.

Al igual que los clips, las chinchetas pueden ser de gran utilidad a la hora de proyectar trabajos creativos. Como todos sabemos las hay doradas, plateadas y de colores. Combinándolas se pueden lograr todo tipo de creaciones que servirán para sacar a los nietos de rutinas como pueden ser el coloreado. Al respecto me comentaba una madre:

—Mi hijo de cuatro años no hace las tareas del colegio porque dice que está cansado.

—¿Tareas? —le pregunté sorprendida por los cortos años del niño.

—¡Nada, si no es nada! —contestó con indiferencia—. Colorear dibujos. Lo hace fatal y corriendo.

Creo que no dije nada pero me puse en lugar del pequeño y comprendí el rechazo: Quietud, precisión, tiempo, concentración, etc. ¡Qué barbaridad! Todo opuesto a la realidad de un niño de cuatro años.

Pero es frecuente que la única forma de tener a los niños sentados y ocupados sea precisamente ésta: colorear y colorar hasta llegar a tal límite que llegan a odiar la inútil actividad cuando se convierte en única y tan repetitiva.

¡No, abuelos, abuelas, no, por favor! El amor que sentimos por ellos, nos tiene que llevar a buscar y a encontrar recursos mucho más gratificantes.

MATERIALES NECESARIOS

- Cajas de chinchetas de diversos colores. (Debemos tenerlas en nuestra cesta).
- Trozo de corcho blanco del que encontramos a cada paso como protector de todo tipo de cosas que compramos.
- Tijeras.
- Y pinturas de algún tipo.

Y VAMOS A VER CÓMO TRABAJAR CON ELLAS.

Es tan sencillo que hasta un pequeño de dos años podría intentarlo, si no conllevara el riesgo de pincharse.

1. Se trata de indicarles cómo, al clavar chinchetas en el corcho, pueden crear bonitos motivos decorativos.
2. Una buena sugerencia es que a base de chinchetas y clips hagan estrellas que puedan decorar, por ejemplo, el Portal de Belén como en la fotografía anterior.
3. Las estrellas son simples círculos de cartulina de varios colores y decorados con clip como hicimos en la actividad anterior y como puede verse en la fotografía..
4. También, a base de chinchetas, clavadas en bolas de plastilina y con un soporte —simple palito— pueden hacer adornos como el que muestra la pequeña Ángela de la foto.

5. Imaginación y materiales sencillos y prácticamente de desecho, todo un universo inagotable de manualidades para nuestros nietos.

ESTRATEGIA NÚMERO SEIS

FLORES DE SEDA

¡Y ahora sí que lo vamos a pasar bien! ¡Es que no falla nunca esta sencilla estrategia! Lo he comprobado tanto con mis nietos, como con mis alumnos y con otros niños en cafeterías, terrazas, etc.

Resulta muy divertido el que, cada vez que comamos o merendemos con niños, terminemos haciendo flores con servilletas. Sí, con servilletas de papel. Sinceramente, es algo que a todos les ilusiona y que, siguiendo mis instrucciones, hasta los más pequeños lo consiguen.

Es un buen recurso, por ejemplo, para el Día de la Madre. Los niños encontrarán en la ejecución de este trabajo, el regalo perfecto.

Y la advertencia de siempre, si bien en este caso, imprescindible: hay que hacer el trabajo con ellos para que sigan fielmente, paso a paso, lo que vamos haciendo nosotros (mi padre, gran pedagogo, decía: el mejor método es el «machaqueo». Perdonad que yo, inconscientemente, lo practique).

Y empecemos por los materiales.

MATERIALES NECESARIOS

- Simples servilletas de papel, que pueden ser blancas o de distintos colores.

- Papel de seda o cebolla que para mí es el mismo, si no tenemos servilletas o, mejor aún, papel higiénico.
- Pequeños trozos de lana o similares para poder hacer un pequeño nudo.
- Tijeras.
- Barra de labios, bien ya usada, bien de las más económicas.
- Purpurina en polvo o líquida.
- Algún sencillo recipiente para colocarlas.

Prácticamente todo podemos tenerlo preparado en nuestra cesta de materiales.

MODO DE HACERLAS

1. Si las servilletas son de las que ponen en los bares —pequeñas— nos sirven tal cual, pero si son demasiado grandes o queremos hacer las flores de otro tipo de papel tenemos que empezar por cortar tres o cuatro cuadrados idénticos en tamaño del papel que tengamos...
2. Los cuadrados se superponen de forma que resulten como uno solo.
3. Se doblan como para hacer un abanico, cuidando mucho de que todos los dobleces —tamaño de un dedo o poco más— sean idénticos y resulten superpuestos.
4. Seguidamente pasamos a atarlos por el centro, como vemos en la figura nº 1.

   No hace falta apretar mucho el nudo. Tan sólo lo preciso para que el centro quede presionado.

5. Se procurará que del nudo queden colgando dos cabos no muy largos.
6. Y a continuación viene la parte más delicada, ya que el papel, si no ponemos mucho cuidado, se nos puede romper. Consiste en ir separando las capas de izquierda a derecha, desplazándolas hacia el centro lo más posible para evitar que se nos vea el nudo. Figura nº 2.
7. Prácticamente la flor, con esto podía estar terminada pero la podemos mejorar si con la barra de labios o purpurina, le damos unos ligeros toques por los bordes. Figura nº 3.
8. Si queremos hacer un ramo, cuando tengamos varias, las podemos ir atando en una rama seca que busquemos y que pintaremos con algún tipo de barniz o pintura.
9. Finalmente, la colocaremos en el recipiente preparado. Puede servirnos cualquier envase, adornado de la forma que se nos ocurra; pegándole chinitos, cubriéndolo de papel de colores, de papel Abal o de papel pinocho, que es papel rizado.
10. También se puede cubrir con una hoja en blanco y sobre ella haber dibujado algo o escrito. Figura nº 4.
11. Se pueden alternar cuadrados de distintos colores. Así, para el Día de la Autonomía Andaluza, por ejemplo, podemos combinar el verde y el blanco.

Veamos, uno a uno los pasos.

Figura 1

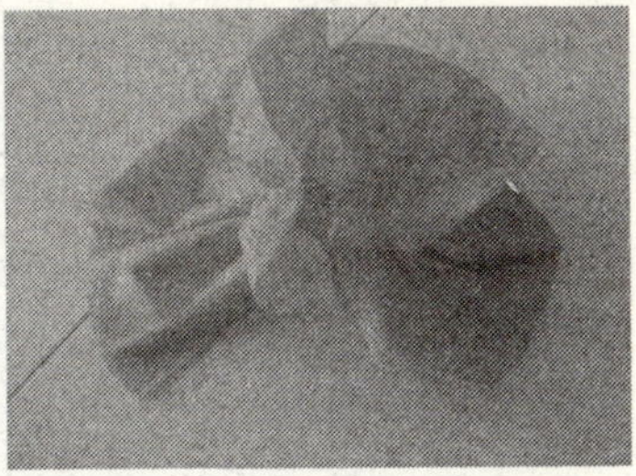

Figura 2

Figura 3

Figura 4

SUGERENCIA

Una buena idea de cara a que practiquen la actividad en sus casas puede ser fijar una fecha para celebrar el Día de la Flor y que consistirá en que todos aporten la mejor que puedan conseguir pero sobre todo la que resulte más creativa y que debe ser elegida entre ellos.

SUGERENCIA NÚMERO SIETE

GRACIOSOS BONSÁIS

Una vez que los nietos adquieren cierta destreza en la práctica de hacer flores de seda, hay infinidad de posibilidades para otras creaciones muy sugerentes. Por ejemplo, los graciosos bonsáis que he hecho con mis nietos mayorcillos.

Los materiales son los anteriores más un puñado de macarrones-cables rígidos pero manejables.

Como vemos en el dibujo, tendremos que empezar por recubrir los macarrones-cables de papel marrón que imite el color de los tallos. Marrón o verde.

Después lo entrelazamos, reliando unos con otros y dejando unas puntas para colocar en ellas las flores, previamente hechas.

Con esto y una macetita decorada al igual que hemos indicado antes, tendremos un bonito bonsái.

No es nada difícil, pero debemos echar una buena mano a lo más complicado de cara a los nietos: entrelazar macarrones-cables, colocar flores y poco más

ESTRATEGIA NÚMERO OCHO

ABANICOS PARA TODOS

¡Cuántas veces en días de calor no hemos cogido lo que hayamos tenido a mano y nos hemos abanicado! Sin pensar mucho, una simple hoja de papel, con sus respectivos dobleces, nos ha servido de abanico.

Así lo suelen hacer los niños sin ningún tipo de dificultad. Y esto es algo que debemos aprovechar los abuelos para otra actividad muy sencilla y que podemos practicar con los más pequeños y con los mayores, según el grado de dificultad que nos fijemos como objetivo.

Lo más sencillo puede quedar reducido, simplemente, a los respectivos dobleces que deben ser iguales y bien superpuestos. Bastará con graparlos por la parte inferior para tener listo el abanico.

Se puede complicar un poco más si, previamente al doblado, les proponemos que dibujen en la hoja de papel cualquier motivo y lo coloreen de forma que resalte bien. Así, al abrir el abanico, se verán los dibujos.

Si los nietos tienen ya suficiente destreza y el tema de hacer dobleces les resulta aburrido, podemos proponerles la siguiente actividad.

DECORAMOS ABANICOS

Se trata de decorar abanicos que compramos en tiendas de todo a 60 céntimos y que no están decorados.

MATERIALES

- Abanicos de papel o tela en colores lisos.
- Pinturas de témpera o rotuladores, simplemente.
- Purpurinas.
- Lentejuelas.
- Algún tipo de encaje o volantillos.
- Pegamento.
- Lápiz, goma y hojas en blanco.

PROCEDIMIENTO

1. Para empezar hay que diseñar el boceto. Es decir, tenemos que dibujar en papel, y a lápiz, para poder borrar, el dibujo que deseamos plasmar en el abanico que puede ser de lo más variopinto. Desde muñecos, flores, etc. a simples lunares o trazos de distintos colores.
2. Desde mi punto de vista, es preferible no sugerirles algo que pueda servirles como base a la que se acogerán evitando el esfuerzo de pensar y crear.
3. Una vez que tengan claro y bien conseguido el dibujo, pueden reproducirlo en el abanico o calcarlo, tratando siempre de que el resultado sea armónico.
4. Para colorear, pienso que es preferible el uso de rotuladores por la precisión de las puntas, siempre más manejables que los pinceles pero siempre dependerá del nivel de los alumnos, así como de sus habilidades.
5. Y, una vez coloreado el dibujo, se procederá a mejorarlo, pegándole lentejuelas como complemento artístico por lo que pueden colocarse, desde el centro de una flor al borde del abanico, etc.
6. Por último, en el borde superior se le pega el encajito o volantillo.

¡Qué preciosidad de abanicos los que pueden hacer nietos y nietas! ¡Por favor, abuelos/as, no lo dudéis siquiera! Comprad los materiales, si os lo permite vuestra economía, y si no que los compren los padres pero no dejéis de probar esta alucinante actividad y pasaréis tardes felices con vuestros nietos. Seguro.

UNAS SUGERENCIAS MÁS

Puede ser esta actividad muy recurrente, por ejemplo, para el Día de la Comunidad Autónoma, ya que se pueden ilustrar con los colores de las banderas, con escudos o cualquier motivo que las represente.

También para el Día de la Madre, sobre todo si las onomásticas caen en verano. En este caso se pueden ilustrar con fotos de la madre, familia, etc. Como el papel de las fotografías es más bien rígido, se fotocopian a todo color en folios normales y así resultan más cómodas de manejar.

ESTRATEGIA NÚMERO NUEVE

TIENDA DE MUÑECOS Y MUÑECAS

Vamos a ser sinceros, a dejarnos de prejuicios sexistas y a contestarnos si no es cierto que el tema de los muñecos/as les gusta tanto a niños como a niñas. Son muchas las veces que he visto a mis nietos varones empujando cochecitos de muñecas con gran entusiasmo de poder hacerlo. Es por ello que la creación de lo que podemos denominar «Tienda de muñecos y muñecas» puede resultar indiferente para ambos sexos.

Para ello debemos enfocarlo como un proyecto en el que todos pueden contribuir a fin de que el resultado resulte exitoso. «Tienda de muñecos y muñecas» debe conllevar los siguientes apartados:

1. Elaboración de muñecos y muñecas.
2. «Comercio» de los muñecos y muñecas.

¡Nada, nada difícil! Lo vamos a ir viendo con todo detalle.

MATERIALES

El tema de recopilar materiales es de lo más divertido, ya que, prácticamente, nos puede servir cualquier cosa que los nietos/as aporten. No obstante, voy a referirme a lo más elemental:

- Rollos de papel terminados. (Cualquier tamaño es válido).
- Retazos de tela. Sirven todos.
- Lentejuelas, purpurinas, etc.
- Botones de diversos tamaños.
- Lanas de varios colores.
- Bombillas fundidas.
- Esponjas.
- Pegamento.
- Estropajo de guita.
- Envases de todas clases.
- Y un largo etc. que iremos viendo sobre la marcha.

Y decía que la recogida de material es algo muy divertido para los niños porque despierta en ellos un gran deseo de aportar todo lo que encuentran como posible material.

Me decía la madre de un pequeño, amigo de mi nieto: ¿Qué estás inventando con los niños que mi hijo me tiene revuelta la casa?

La verdad es que yo me entusiasmo con ellos y busco y rebusco antiguas prendas de ropa inservibles para trocearlas y repartirlas. A veces, en los mercadillos, compro retazos de satén y telas llamativas con el mismo fin.

Y, bueno, vamos a ver, en primer lugar, lo que ya hemos dado en llamar Muñecos/as Bombilla.

MUÑECA-BOMBILLA

Vamos a empezar por ver una de estas muñecas ya terminada.

¡Qué graciosa muñeca-bombilla!

Si nos fijamos bien, casi sobran las explicaciones. No obstante, las detallo.

- En este caso, la bombilla era blanca pero se puede pintar o en cualquier caso, dejarla tal cual.
- La parte de la rosca, la metemos en un rollo de papel higiénico, previamente recubierto de papel o tela de color.
- Como vemos en la foto, alrededor del «cuello», con tela o papel, simulamos una faldita rizada que irá pegada al rollo.
- En la cabeza —parte redondeada que sobresale de la bombilla—, podemos simular el pelo, bien con lana o, como en este caso, con estropajo.
- Le podemos poner un lazo o dos. También un sombrerito, un cucurucho, etc. (A gusto).
- Finalmente, le pintamos ojos, nariz, boca y coloretes.

No sé a los abuelos lectores, pero a mí me entusiasma esta creación. Es más, todas y cada una de las muñecas que hacen mis nietos o nietas quedan definitivamente expuestas en mi casa.

MUÑECAS-MAGDALENAS

Aquí está mi preciosa nieta Isabel María con sus ocho añitos y la muñeca- magdalena, fruto de su creatividad.

Es algo sumamente sencillo que no precisa de mucha explicación. Se trata simplemente de pegar, adosados por la base, dos moldes de magdalenas, como se aprecia en la fotografía, con lo que se logrará un supuesto cuerpo y vestido. La parte superior —cabeza— es un círculo de

Isabel María y su muñeca-magdalena

cartulina pegado y con ojos, boca, nariz, etc. pegados o pintados.

En la foto, mi nieta la muestra sin más, pero, como todo, se puede mejorar con adornos y colores.

MUÑECOS-BOLA

Vaya también la ilustración por delante.

Muñeca-Bola

¡Nunca podré olvidar como ilusionó a mis nietas el comprobar lo fácil que era hacer madroños! Sí, fue una día que se quedaron conmigo, Ángela y Amalia. Durante la mañana las ocupé en varias cosas: regar las flores —les entusiasma a todos y a todas—, ordenar una estantería de libros y doblar ropa. Por la tarde, les dije:

—¿Queréis que hagamos madroños?

—¿Y qué es eso, abuela?

Mejor que explicar, busqué lanas, cartones y tijeras y nos pusimos manos a la obra. El resultado fue esta graciosa muñeca colgante.

Estoy segura de que abuelos, y abuelas sobre todo, saben de sobra como hacer madroños:

- Cortar círculos.
- Recortarle en el centro un pequeño círculo.
- Superpones dos.
- Cubrir de lana.
- Cortar bordes, haciendo una pequeña hendidura entre los dos círculos.
- Atar por el centro.
- Retirar los cartones.
- Y tratar de igualar los flecos de lana.
- Con esto ya tendremos el madroño.
- Lo siguiente pegarle ojos pintados en cartulina, nariz y boca.
- Colocarle lazos o lo que guste a los niños.
- Maravillosamente sencillo y sugerente para lograr adornos de tapetes, pañuelos, etc.

Mi preciosa nieta regando macetas

MUÑECOS/AS-ROLLO

Muñecos/as-rollo

¡Esto sí que es sencillo y divertido! Pero el invento no me pertenece. Fue cosa de mi nieta Isabel María que cada día me sorprende con nuevas manualidades, fruto de su gran creatividad. Aunque no lo parezca estos graciosos muñecos representan el Misterio. Es decir, María, José y el Niño.

Y son eso: rollos de papel higiénico, rollos de ovillos de lana o algodón, cubiertos de papel y, como vemos, sin más complicación que dibujar sobre ellos.

Mi hija, madre de la criatura, se queja de que la niña tiene el dormitorio lleno de cosas que encuentra y que dice le van a servir para trabajos manuales. Y añade: *¡Los vas a volver locos!*

Y a mí este tipo de locura me encanta porque significa que han encontrado el valor de las cosas por insignificantes que puedan parecer, y porque tras esa apariencia de desecho, a menudo saben ver ya la obra que se puede ocultar tras ella.

MUÑECOS/AS RECORTABLES

¿Qué abuela —y en este caso sí que me refiero casi exclusivamente a las abuelas, ya que eran nuestros tiempos muy sexistas— no reconoce en la siguiente ilustración nostálgicos juegos de su infancia?

Sí, éstas eran nuestras queridas y supervaloradas muñecas recortables. ¡Qué ilusión nos hacía y cómo, céntimo a céntimo, guardábamos hasta poder conseguir otra! Luego venía el recortado de vestidos y complementos que cuidadosamente guardábamos en sobres y en cajas respectivamente: le poníamos nombre, parentesco, etc.

A veces, al menos yo, trataba de dibujar muñecas y recortarlas. No tenían nada de particular pero a mí me gustaban. También le hacía vestidos, sombreros, lazos, zapatos...

Por eso, esta actividad la he puesto en marcha en muchas ocasiones, pero ahora sí, con nietos y nietas. Y el resultado, como siempre he creído y como vengo repitiendo, los niños de ahora siguen siendo niños, en mucho, como los de siempre, y de ahí que le puedan entusiasmar estos muñecos/as que les sugiero dibujen y recorten.

El ejemplo más gracioso, los muñecos de mi nieta Ángela de seis años.

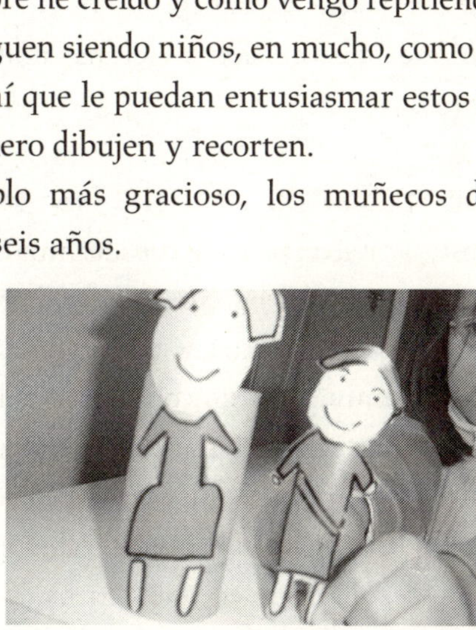

La Virgen y San José dibujados y recortados

¡Graciosos, graciosos! ¡Qué bien lo paso con mis nietos/as! Ellos, lo repetiré mil veces, son lo mejor que tengo.

Y esta estrategia la podría prolongar con materiales de base diferentes y variados como esponjas, planchas de corcho, envases, etc.

Más muñecos y muñecas

Y ahora, sin más, el conocido y siempre querido juego de las tiendecitas.

TIENDA DE MUÑECOS Y MUÑECAS

Discutible esta actividad pero no fue idea mía sino de mis nietas y de otras niñas del barrio que decidieron «poner una tienda» en la zona ajardinada de sus bloques. A mí, al menos, me resultó muy gracioso comprobar como ponían precio a sus muñecas, más infinidad de pequeñas cosas que aportaron entre todos: cajitas, pulseras —hechas por ellas mismas en trenzado de macarrones— y todo lo que en sus respectivas casas resultaba inservible: trozos de papeles de envolver regalos, botes de todas clases, etc.

Y digo que discutible porque, mi yerno, sin ir más lejos, no veía bien que las niñas «vendieran» sus propias cosas ni otras. Por mi parte, lo confieso, lo encontré gracioso y hasta participé aportando cositas y comprando algunas que, más gracioso todavía, me querían regalar.

Desde mi punto de vista, cuando todo queda reducido a creatividad y juego, difícilmente se puede tachar de negativo, aunque eso sí, a veces hay que intervenir y matizar como en el tema del dinero que siempre es objeto de enfado a la hora de repartirlo.

ESTRATEGIA NÚMERO DIEZ

PLASTILINA PARA TODO

De sobra sé lo muy conocida que es por todos la plastilina y su uso por los niños de todas las edades, pero sobre todo los más pequeños, pero lo que a mí, particularmente, me ha resultado toda una novedad inmensamente creativa, es el uso que mi hija maestra le ha dado con sus alumnos de quinto y sexto y de cara a las fiestas: auténticas exposiciones de arte. Celebradas, en primer lugar, por los mismos alumnos y también por los padres que masivamente las han visitado.

Claro que, posiblemente la plastilina tan sólo haya sido un material más que añadir a la gran cantidad de materiales de deshecho acumulados para tales creaciones, entre ella y sus alumnos.

Pero, claro, no podía perder esta experiencia para practicar con mis nietos y nietas y máxime de cara a fiestas como la Navidad. De esta forma inicié el taller de la plastilina que nos sumergió a mis nietos y a mí en una auténtica maratón de creaciones: pastores, ángeles, ovejas, estrellas, san José, la Virgen, el Niño y mil ocurrencias como veremos en algunas fotos que inserto.

Empecemos, como siempre, por los materiales que en son idénticos para todas los trabajos si bien con pequeñas variaciones.

MATERIALES NECESARIOS

- Bueno, aquí cabe todo pero veamos algunas cosas que pueden resultar sugerentes:
- Plastilina, por supuesto.
- Retazos de telas de todo tipo pero con preferencia tules, rasos, etc.
- Sobras de lana de cualquier color.
- Cartones.
- Papel Abal.
- Toda clase de tarrinas usadas.
- Pegamento.
- Papel cebolla de varios colores.
- Velillas.
- Cajas de distinto tamaño.
- Pumillón.
- Alguna tira de bombillitas de colores.

PROCEDIMIENTO

Más o menos, siempre el mismo: Creatividad, ante todo y dándoles opción a que elijan entre los elementos del montaje que hayamos elegido representar. Así, se puede empezar por hacer con ellos un listado de posibles creaciones. Por ejemplo, y siguiendo còn la Navidad, pueden sugerir qué cosas suelen verse en los Belenes.

Una vez confeccionada la lista, podrán elegir para hacer aquello que les resulte a cada uno más fácil, o más evocador.

De todo esto se deduce que es complicado referirme a un procedimiento seguido con rigidez, aunque, más o menos, siempre ha sido el mismo.

No obstante, veamos la siguiente fotografía, una de las más representativas del evento y analicemos exhaustivamente los elementos representados.

Portal de Belén

EMPECEMOS POR EL PORTAL

- Caja pintada de marrón con ligeros toques de pintura blanca que simulan nieve.
- Paja, repartida de forma desigual y pegada a la caja.

VIRGEN:

- Tarrina de yogur para la parte baja del cuerpo.
- Bola de plastilina blanca para la parte superior y cabeza.
- Lana amarilla para el pelo, pegada de forma que resulte una melena larga.
- Pequeño trozo de pumillón sobre la cabeza, a modo de diadema.
- Brazos y manos de plastilina.
- Ojos y boca, recortes de tela. También pueden hacerse pintándolos, simplemente.
- Pequeños detalles decorativos por «cintura» y «cuello».
- Todos los elementos bien pegados.

SAN JOSÉ

Prácticamente los mismos materiales de base con ligeras variaciones visibles en la fotografía.

- Barba y cabello negro igualmente de lana bien pegada a la bola de plastilina que hace de cabeza.
- Ropa más bien oscura de retazos de telas.
- Y la típica vara que puede ser cualquier cosa.

De igual forma los pastores y cualquier otra figura que se quiera hacer teniendo en cuenta, más que nada, los adornos y ropajes. Así, por ejemplo, nunca podremos pensar en la misma forma de vestir a un pastor que un Rey Mago, por citar algo.

Se pueden usar envases de cualquier otra cosa siempre que puedan servir como base del cuerpo que es, casi siempre, lo más complicado porque el resto es cuestión de cuatro retazos de tela, lanas y adornos. Por ejemplo, los rollos de papel higiénicos, una vez terminados, más una bola de plastilina, es ya toda una figura, lista para darle forma, bien de pastor/a, Reyes Magos, etc. en caso de Navidad.

Con restos de plástico protector o a base de cartones, se pueden crear casas, puestos de venta, etc.

El fondo decorativo, papel continuo pintado con acuarelas o pinturas de dedo.

En fin, tanto en las fotos de Navidad como en las de Semana Santa —figuritas hechas todas por los niños—, se pueden apreciar los principales detalles.

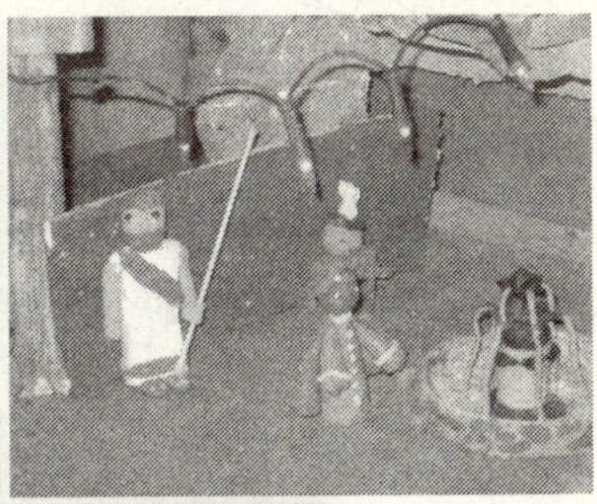

Mis nietos/as felices delante de su portal de plastilina

ESTRATEGIA NÚMERO ONCE

DIBUJAMOS EN MANTELES

En vacaciones, si tenemos oportunidad de pasar unos días con los nietos, podemos aprovechar para infinidad de actividades y juegos compartidos. Sinceramente me resulta alucinante ver como no sólo se motivan mis nietos/as sino todos los niños y niñas que andan cerca de nosotros a los que, por supuesto, les doy parte en lo que hacemos y ¡qué bien, qué bien lo pasamos!

Pero vayamos por partes. Todos conocemos la práctica diaria en las terrazas de verano de colocar manteles, a la hora de comer, que suelen ser de cuadros y de papel. En estos manteles he descubierto grandes posibilidades para que mis nietos se estimulen a crear. Veamos cómo.

Por supuesto, el juego, la sesión de dibujos, empieza, cuando la comida termina y ya los manteles van directamente a la basura.

Primero, hay que adjudicarle a cada participante en la actividad un número determinado de cuadritos del mantel que deben estar limpios y tersos, algo que debemos cuidar desde el principio de la comida, evitando manchas y arrugas.

Podemos proponerle distintas opciones, pero las más sencillas son las siguientes:

- Que en los cuadros blancos dibujen lo que quieran. Es decir, en cada cuadrito un dibujo. Por ejemplo, una flor, una estrella, un sol, etc.
- Que repitan un motivo, por ejemplo, una mariposa, en todos los cuadritos blancos.

- Que repitan dos simultaneándolos. Por ejemplo, una mariposa y una flor.
- Que dibujen en los cuadritos algo que vean a su alrededor, etc.
- Finalmente, como los manteles de la mesa van directamente a la basura, podemos recortar nuestros dibujos y llevarlos a casa.
- Que de cuatro en cuatro los coloreen como si se tratara de un vistoso cuadro para su dormitorio.
- Muy fácil y lúdico puede ser pasar del dibujo al lenguaje. Para ello, en lugar de motivos, escribirán palabras. (De todo esto doy buena cuenta en mi obra *Creatividad y Lenguaje dos*).

Las posibilidades son tantas que es imposible reproducirlas aquí, pero creo que la idea es casi insuperable, no sólo para el tema del dibujo, sino también para fomentar hábitos de limpieza, orden, observación, etc.

He aquí un ejemplo en el que participaron los mayores y en el que podemos apreciar nubes, hojas, mariposas, peces, etc.

Mantel estampado

ESTRATEGIA NÚMERO DOCE

DIBUJAMOS SOMBRAS

¡Esto sí que es divertido, y máxime en vacaciones! Basta organizar un paseo con cuaderno y lápiz en horas en las que las sombras se proyecten lo máximo posible.

Aunque, en principio, pueda parecer una simpleza esta propuesta, una vez más repito que, por experiencia, sobre todo en tiempo vacacional, que todo se hace de forma más distendida, resulta de gran motivación para los niños, al tiempo que promueve la creatividad de una forma totalmente lúdica.

La estrategia, paso a paso, puede tener dos vertientes:

PRIMERA

- Quedamos con los niños en día y hora para dar un paseo.
- Le proponemos, como novedad, buscar sombras que sean nítidas y originales.
- Una vez que encontramos una sombra que nos guste y resulte fácil de dibujar, nos sentamos lo más cerca posible y tratamos de, lo más fielmente que seamos capaces, dibujarla en nuestro blog o cuaderno.
- Podemos dibujar el cuerpo de algún niño o niña, cuya sombra nos servirá de modelo.
- Cabe siempre la posibilidad de retocar con trazos creativos y lograr nuevas formas.
- Si decidimos colorear, las sombras deben quedar tal y como las vemos para, de esa forma, destacarlas del resto.

- Un ejemplo de sombra muy fácil de reproducir es el siguiente, cuyo motivo se puede repetir con efectos nuevos.

Sombra de palmera tal cual.

Sombra de Gabriel.

Sombra de palmera retocada.

SEGUNDA

Puede que no esté al alcance de todos los abuelos/as pero sí de muchos. Me estoy refiriendo a la posibilidad de manejar cámaras de fotos digitales, algo que, de cara a los nietos, nos puede ofrecer un inmenso abanico de estrategias.

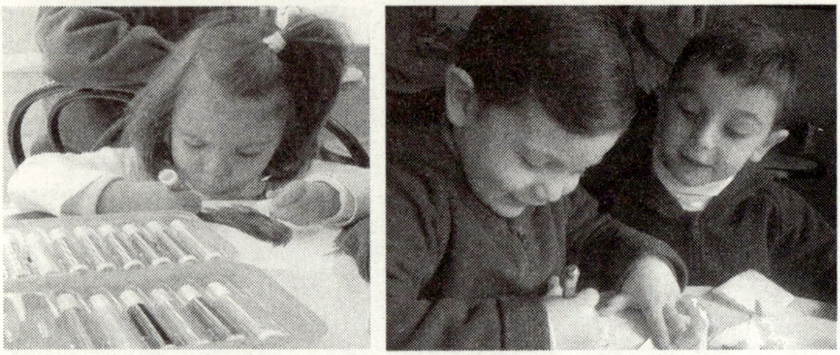

Mis chiquitines dibujando

En esta segunda opción, los pasos, más o menos serían los siguientes:

- Anuncio previo del paseo con explicación de objetivos: «Capturar» sombras para después trabajar con ellas. (Siempre hay que anunciar y estimular).
- Buscar como destino de paseo un lugar soleado y con árboles, farolas, etc.
- Promover que sean los niños los que busquen y elijan sombras preferidas para fotografiar.
- Tratar de que sean ellos, aún los de corta edad los que alguna que otra vez hagan las fotografías, siguiendo nuestras instrucciones —mis nietos de tres años ya saben manejar la cámara.
- Descargar las fotos en el ordenador.
- Elegir las que más guste a todos y sacarlas por la impresora.
- Repartirlas y que coloreen y añadan, si quieren, algún elemento más que dibujen ellos. No guardo todas las fotos pero en una ocasión, mi nieta de

seis años, al pie de la sombra de un árbol, dibujo un perrito durmiendo.

- Y con esto y la magia de los abuelos podremos pasar un excelente tiempo de convivencia.

ESTRATEGIA NÚMERO TRECE

SOBRE LA ARENA

Como dije anteriormente, las vacaciones pueden resultar un tiempo precioso para convivir con los nietos de forma que dejemos en ellos huellas para toda la vida. «Abuela —me decía mi nieta de cinco años—, ¡qué guapa eres! ¿Y por qué crees que soy guapa? —le pregunté—. ¡Ea! —exclamó—, porque eres buena y nos *'juegas'*».

Efectivamente, mi relación con ellos es siempre de juego. Una noche, me viene ahora a la memoria, dormí en una misma habitación de hotel con mis nietas de diez y doce años. «¿Qué podemos hacer, abuela? —dijo la más pequeña—. No tengo sueño. ¡Ni yo! —exclamó la mayor—. La verdad es que yo sí tenía y no poco pero, ¿cómo desaprovechar y hacer inolvidable aquella noche?

Se me ocurrió, y resultó un gran acierto, que desde nuestras respectivas camas, podíamos apagar luces y hacer sombras chinescas en la pared con los pilotos luminosos de la habitación.

Para ellas fue toda una gran novedad porque no conocían nada de aquel juego de sombras que, a modo de adivinanza —¿qué es esto?, ¿qué es aquello?, etc.— proyectábamos tratando de crear formas y figuras.

Nos dieron las dos de la madrugada entre risas, creaciones y adivinanzas pero siempre que recordamos cosas agradables, ellas evocan, como algo inolvidable, aquella noche con la abuela y las sombras.

Queridos abuelos y abuelas, ¡que ni una página en blanco quede tras la convivencia de un día, unas horas con vuestros nietos y nietas!

Y se me fue el santo al cielo recordando momentos felices, entrañables, inolvidables.

Pero sigamos con esta supersencilla estrategia: Sobre la Arena.

- Se trata de buscar un lugar a propósito para extender arena. Por ejemplo, yo lo hago con mis nietos en poyetes de cemento que hay cerca de la playa.
- Llenamos cubitos de arena húmeda.
- La esparcimos sobre los poyetes, al tiempo que la extendemos tratando de que resulte una superficie lisa y bien cubierta.
- Señalamos espacios para cada uno, de forma que todos queden alineados con orden.

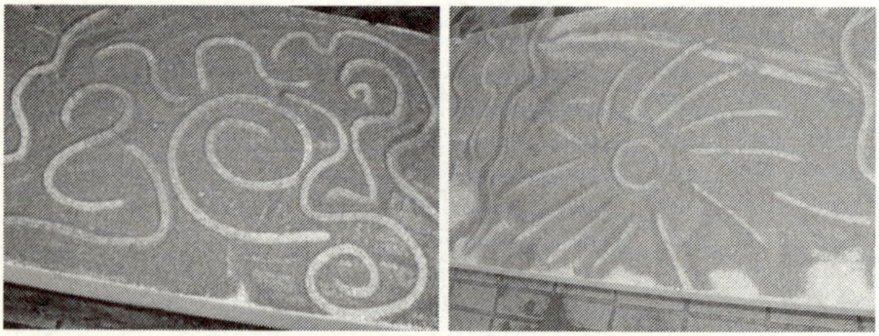

Aquí fotos de algunos sencillos dibujos en la arena

- Les indicamos que, con el dedo o con un palito, a modo de pincel, hagan un sencillo dibujo sobre la arena.
- Posteriormente, pueden evaluarlos ellos mismos.
- Finalmente, y es muy importante, deben dejar el sitio perfectamente limpio, retirando la arena.

DIBUJOS EN LA ARENA

Ya sé que es algo sumamente sencillo y que nada tiene, por tanto de particular, pero, ¿quién ha dicho que haya que buscar grandes cosas? Los nietos lo que precisan, lo que quieren y debemos darles, es ante todo entretenimiento ilusionado y compartido.

¡Mirad, mirad la siguiente fotografía! ¿Que de qué se trata? Está claro. En la playa hay gente que come todo tipo de cosas y luego tiran allí mismo bolsas vacías más grandes, más chicas.

Mi sugerencia, en estos casos, es la siguiente: ¡Vamos a decorar el poyete —en este caso—, recogiendo bolsas de chucherías y colocándolas ordenadamente, combinando colores!

El resultado está a la vista: orden, limpieza, arte y diversión.

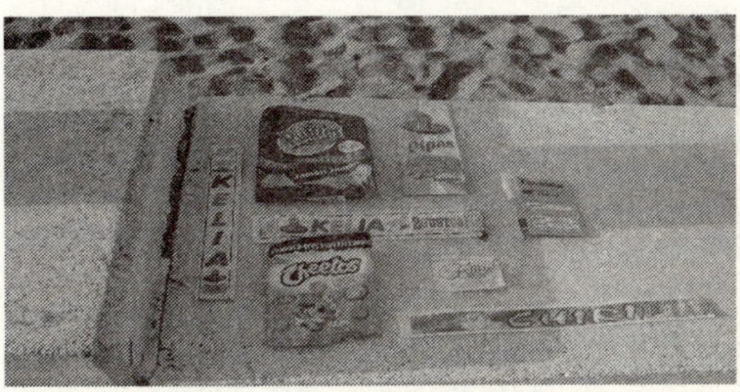

Poyete decorado

ESTRATEGIA NÚMERO CATORCE

LLEGAN LAS FIESTAS

¡Pues eso! A lo largo del año hay infinidad de fiestas en las que los nietos y nietas se ven abocados, por cuestiones escolares, a trabajos extras, que regularmente tienen que hacer en sus respectivas casas sin más ayuda que un clamoroso imperativo: «Haced esto o lo otro».

Y nuestros niños precisan orientación y ayuda. ¿Quién mejor puede brindársela que los abuelos?

Vamos, pues, con las fiestas.

CRUCES DE MAYO

Al menos en Córdoba es una práctica muy popular, cuando llega el mes de mayo, el celebrar Las Cruces, manifestaciones artísticas que encontramos a cada paso por nuestra calles y plazas.

Los niños y niñas, unas veces por mandato expreso, otras porque así lo desean, hacen también sus cruces de mayo.

Y esto no es nuevo porque también yo, cuando niña, las hacía y, ¡vaya si me gustaba! ¡Y vaya mamarracho de cruz que me montaba! Porque no contaba ni con materiales ni con ayuda, pero era todo un placer pasear mi querida cruz.

Hoy día, los niños cuentan con infinidad de cosas que les pueden ayudar a lo más complicado: el montaje de la cruz.

En la siguiente fotografía podemos observar la felicidad de mis nietos al mostrar su cruz de mayo casera.

Cruz de mayo de Isabel María y Javier

Si nos fijamos bien en ella, todo es muy sencillo. Veamos:

- Trozo de envase de algún artilugio, haciendo de pared de fondo.
- Tapa de una caja de cartón revestida de papel Abal y pegada como base.
- Macetitas de plastilina decorando las supuestas paredes y base.
- Cruz revestida de papel rojo enrollado y con base de pequeñísimas macetas.
- Pocito hecho también de plastilina.
- En medio de la base, con pequeñas chinitas, han simulado un camino que parece conducir al interior de una casa, cuya puerta han diseñado en forma de arco.

De mi parte, en esta ocasión, lo principal que puse fue un gran aplauso y también, ¡cómo no! unas monedas porque, en definitiva, es lo que buscan los pequeños con estas cruces callejeras.

También se les puede sugerir, sencillamente, que las dibuje, y de igual forma otras fiestas.

CARNAVAL

Nunca he sido muy carnavalera pero tengo que reconocer que a los niños les gusta mucho el tema de los disfraces y que, por consiguiente, no puedo pasar por alto cosa que pueda motivarlos.

Sin embargo, fiel a mi creencia, arraigada en mí desde hace muchos años, de que el peor original vale más que la mejor fotocopia, cuando me reúno con mis nietos en estas fechas, y al igual que he hecho en las aulas, mi propuesta discurre por caminos más lúdicos y creativos.

- Les propongo celebrar nuestro personal Carnaval. Y para ello hago lo siguiente:
- Les reparto periódicos pasados de fecha y revistas.
- Les propongo que tan sólo con hojas se disfracen de lo que quieran.
- El resultado lo podemos ver en las fotos que inserto.
- También les propongo que, con los disfraces que se han confeccionado, formen cuadros plásticos que representen algo. Para ello les dejo algo de tiempo y ensayo.

Los niños son increíblemente maravillosos por lo que siempre tendremos asegurado el éxito de cualquier cosa que le propongamos con ilusión.

Que este ingrediente no falte jamás en el «bolsillo» de un abuelo/a porque será la mejor forma de darle cuerda a su vida y a la de sus nietos/as.

También la confección de caretas a base de dibujarlas en cartulina y mediante dos agujeritos, incorporarle una gomilla para sujetarla.

DÍA DE LA MADRE

Cualquier trabajo de los que llevamos enumerados puede ser válido para obsequiar a las mamás, bien en su onomástica, cumpleaños o en el consabido Día de la Madre.

No obstante, incluyo uno más de fácil ejecución, como todos, y que nos puede dar mucho juego.

Se trata de hacer un cuadrito a base de esparadrapo o de papel rizado que venden en pequeños rollos.

Recortando y pegando, de forma que de antemano hayamos previsto, hojas, figuras geométricas, etc. Si los nietos son demasiado pequeños para manejar tijeras, pegamento, etc. les podemos proponer otra cosa más sencilla o facilitarles figuras ya recortadas con el solo trabajo de pegarlas en cartulina.

Es conveniente que hagan primero el dibujo a lápiz para poder borrarlo posteriormente.

El cuadrito que inserto está hecho por una pequeña de nueve años.

Y las consabidas poesías, tanto para la madre como para el padre, que no por lo mucho que se recurra a ellas dejan de tener un gran valor por el sentimiento de amor e ingenuidad que pueden expresar los pequeños.

Vaya una de mi obra *Chiquitines* para las mamás:

> PARA TI, MAMÁ
> De los muchos regalos que tengo
> pienso una cosa, mamá,
> ¿me dirás si es verdad?
> Yo creo que no tengo obsequio mejor
> que la mamá tan buena
> que un día me regaló Dios.

DÍA DEL PADRE

Un poco más complicado puede creerse que resulta el obsequio para los papás, debido, ante todo, a la concepción de roles que tenemos interiorizada. Y es por ello que recurramos siempre al típico bote de colonia, corbata, etc.

Sin embargo, tendríamos que empezar a contemplar la igualdad de sexos en casos como el de los regalos, perfumes, etc.

Se me ocurren mil cosas para hacer o, mejor dicho, para que hagan los nietos con motivo de esta festividad y sin perder de vista la edad de los pequeños. Por ejemplo, un pisapapeles que como el de la fotografía que inserto, obra de un pequeño de cinco años. Se trata simplemente de una piedra en la que los niños dibujan algo. En este caso un gracioso pajarito.

También puede consistir el pisapapeles en un envase de CD recubierto de piedrecitas de colores pegadas de forma artística: formando una estrella, el nombre del padre, etc.

O la mencionada postal en la que se incluyan dibujo y poemita dedicado al padre. Por ejemplo, de la misma obra citada:

Papá, papaíto
¡cuánto te quiero!
En mi corazón de niño
tú eres el primero.

No sé qué regalarte
que más te pueda gustar
pero… ¡ya sé!
¡me lo puedo figurar!

Quieres que sea un buen niño
contigo y con mamá
con mi «seño» del cole

con mis amigos
y con todos en general.

¡Pues ese será mi regalo, papá!
Un niño bueno seré
y ¡qué orgulloso de mí vas a estar!
¡Te lo prometo, palabrita, papá!

También una cartita echada al correo con sobre de color, una macetita para el despacho o mesita de noche, etc.

Si la onomástica o el cumpleaños coincidieran con el otoño, una actividad muy bonita sería, tanto para el padre como para la madre, confeccionar un ramo a base de hojas secas, alguna flor natural o artificial y poco más.

El tema de las hojas secas fue para mí un gran descubrimiento. Sí, un día caí en la cuenta de lo bonita que eran las grandes hojas secas que quitaba de mis macetas de pilastras.

Y una tarde en el campo, dije a mis nietos: «Vamos a buscar ramitas secas y hojas que tengo pensado un adorno para el salón en Navidad».

La idea les entusiasmó. Y, desde aquel día, de vez en cuando, me sorprenden: «¡Abuela, ¡mira, mira qué rama seca tengo!»

¡Cuántas cosas que enseñar y compartir con los nietos y nietas! No las dejemos pasar, ya que estaremos creando en ellos conciencia y sensibilidad para muchas y grandes competencias.

Mano de mi nieta con un ramo de hojas secas

Por último, y de cara al día del padre o de la madre, podemos recurrir al dibujado de siluetas, algo que explico detenida y ampliamente en mi obra, editadas por CCS, *Estrategias Creativas para aprender a Dibujar.*

Es algo sencillo y de gran creatividad. Consiste:

- Buscar objetos planos como llaves, destapa-botellas, tijeras e incluso nuestra propia mano.
- Colocamos el objeto que deseemos sobre una hoja de papel y lo silueteamos las veces que pensemos necesarias para hacer una composición.
- Una vez conseguidas las siluetas, añadimos trazos para completar la idea que nos sugiera.
- Coloreamos, recortamos, pegamos en cartulina y con ello tendremos una original tarjeta.
- Finalmente, podemos escribir la felicitación.

Veamos ejemplos:

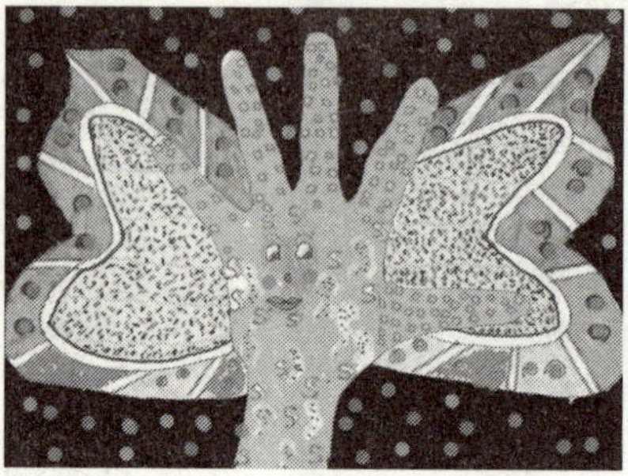

Mi mano te felicita, papá

Este roquero te felicita, papá

ESTRATEGIA NÚMERO QUINCE

TALLER DE COSTURA

¿Recordáis la anécdota de aquel día de campo que mis nietos y nietas mostraron gran avidez por aprender a manejar las agujas y lana de hacer punto? Bueno, pues algo muy parecido sucedió un día que se quedaron conmigo mis nietas de siete y once años, al verme sacar una caja de costura muy completita de hilos, agujas, dedales, etc. para coser unos botones.

Tengo que confesar que no soy muy aficionada a la costura y que me cuesta decidirme cuando no hay más remedio pero, eso sí, me encanta tener una caja con todo lo necesario y con toda clase de hilos de colores, más cajitas de botones, broches, alfileres, etc.

Fue algo que alucinó a mis nietas. Todo querían verlo, todo querían ordenarlo y finalmente las dos decidieron que querían una cajita de costura para hacer vestidos a las muñecas.

Y así fue como inicié el taller de costura, invitando, para el día que íbamos a empezar, a todos mis nietos y nietas. Compré unas cajitas de todo a sesenta céntimos y agujas, bobinas, tijeras, botones, etc. Lo principal fue empezar por decirles que tenían que dibujar, recortar y coser, primero en papel, y que los diseños tenían que hacerlos ellas y ellos.

El resultado fue, una vez más, espectacular. Unas fotos muestran algunos resultados.

Vestidos confeccionados en papel

Logramos una bonita colección. ¡Hasta de un paquete de tabaco sacaron una graciosa chaqueta!

Una vez más insisto en las precauciones con los más pequeños y el peligro que puede suponer manejar agujas. Prevenir accidentes tiene que primar a cuanto hagamos con los nietos/as.

Y voy a poner fin a este apartado con una estrategia muy sencilla pero que de igual forma, o se hace con los nietos mayores o sólo pueden asistir a ella, si son pequeños, como espectadores.

• • •

Grupo número tres: juegos

Importante saber

Sí, de gran importancia es conocer a ese pequeño gran ser humano, nuestro nieto/a, desconocido por los mayores, al que atendemos con mucho amor pero que a veces hacemos objeto de nuestras anticuadas manías sobre la práctica educativa, al que manipulamos y chantajeamos, al que tantas veces, sin saberlo, humillamos, al que ignoramos y en el que solemos ver más al adulto que deseamos que sea que al niño que en realidad es, atraviesa momentos únicos, etapas de especial receptividad y capacidad para determinados aprendizajes útiles, sobre todo, para el desarrollo psico-evolutivo, pasados los cuales es sumamente difícil, por no decir imposible, dar marcha atrás para recuperarlos.

Dichos momentos vienen secuenciados, de forma que la pedagogía, en general, y la doméstica en lo que le corresponde, debería estar muy atenta, no sólo a su aparición, que suele ser espontánea, sino a su estimulación y total aprovechamiento. Padres, maestros y abuelos deberían saber cosas tan fundamentales como las siguientes:

- Si un niño vive criticado... aprende a condenar.
- Si un niño vive en un ambiente de hostilidad... aprende a pelear.
- Si un niño vive avergonzado... aprende a sentirse culpable.

- Si un niño vive con tolerancia... aprende a ser paciente.
- Si un niño vive estimulado... aprende a confiar en sí mismo.
- Si un niño vive apreciado... aprende a apreciar.
- Si un niño vive en un ambiente de equidad y justicia... aprende a ser justo.
- Si un niño vive sintiendo seguridad... aprende a tener fe.
- Si un niño vive con aprobación... aprende a quererse y a estimarse.
- Si un niño vive atemorizado y ridiculizado... aprende a ser tímido.
- Si un niño vive compadecido... aprende a tener lástima.
- Si un niño vive donde hay celos... aprende a sentirse culpable.
- Si un niño vive elogiado... aprende a apreciar.
- Si un niño vive con reconocimiento... aprende a tener buena meta.
- Si un niño vive en un ambiente de honradez... aprende a ser honrado y a conocer la verdad.
- Si un niño vive amado... aprende a amar a los que lo rodean.
- Si un niño vive en un ambiente de amistad... aprende que el mundo es un lugar agradable para vivir... y lo más importante es que contribuirá a hacer realidad este ideal.

Cientos de anécdotas vividas con mis hijos, alumnos y ahora con mis nietos podría citar para dar fe de que, efectivamente, los niños son fruto de lo que entre todos hacemos de ellos. Es cierto que con la mayoría de edad, con la madurez se pueden superar muchos errores cometidos en años tan cruciales como son los de la infancia, sin embargo no habría que esperar a que eso pueda ser posible, que no siempre lo es.

Me contaba una señora, residente en una residencia de ancianos que ella no había vivido porque tuvo una infancia de constantes miedos por supuestos pecados que ni tan siquiera conocía. Y se refería, por ejemplo, a la palabra vaciar que dijo delante de su padre. La castigó y le repitió una y mil veces que jamás repitiera aquella palabra, y ella pasó su vida sin saber por qué y, por supuesto, sin pronunciar ni otra parecida.

El pasado no tiene retorno, luego un día perdido lo será para siempre.

Abuelos y abuelas, que, al menos, el tiempo que nuestros nietos/as pasan en nuestra compañía no caiga en bolsillo roto con el peligro que conlleva el perderlo para siempre.

Algo de atención será suficiente para saber qué es lo mejor que podemos darles. Sigamos, pues, adelante, con propuestas de otro nivel, si bien, en definitiva, todo se reduce a lo mismo: Colaborar a su formación y felicidad.

* * *

1. *La magia del juego*

En un importante evento televisado en un lugar público y de cara sobre todo a los más pequeños, observaba como, mientras los adultos permanecíamos boquiabiertos al televisor, los niños/as, que eran mayoría, alejados de todo y de todos, sentados en un rebatillo jugaban absortos con su maquinita Nintendo como si nada les importara fuera de aquella pantalla.

Confieso, sinceramente, que sentí algo de tristeza. Según Piaget la imaginación es un instrumento no sólo para conocer la realidad sino para poder crear otra escena por medio de la función simbólica. Es una escena intermedia entre el sujeto (mundo interno) y el objeto (mundo externo) con la que el niño evita la frustración que le produce el principio de la realidad añadida a su carga instintiva.

Es decir, el niño puede introducir en su fantasía símbolos e imágenes de las cosas, y esto permite que esta fantasía se convierta en pensamiento consciente. El poder de actuar, no con hechos sino con símbolos o imágenes de las cosas, da una mayor flexibilidad al psiquismo y esta flexibilidad hace que disminuya la carga de angustia y ansiedad que la aproximación a la realidad le produce.

Por consiguiente, educadores en general, y abuelos y abuelas muy en particular, ya que esta obra está dedicada a ellos, tendríamos que conocer, respetar y proteger esta función ya que posibilita al niño el paso del principio del placer al de la realidad, evitando la brusquedad de una incorporación precoz al frío mundo de las realidades. Pero en el mundo de hoy no dejamos eventos silenciosos, huérfanos de imágenes y de significado. Todo se lo damos calculado, programado, representado, sofisticado... Sin reverencia, sin piedad le hacemos irrumpir en el santuario de sus años más felices para destruirlos.

La magia del juego consiste en dar valor a un objeto cualquiera, con tal de que sirva como experiencia placentera y, para ello, no se precisan grandes cosas. Los pequeños son felices con muy pequeños detalles con tal de que en ellos encuentren objeto de juego. Recuerdo años de días de Navidad, cuando tras recoger los muchos regalos que entre toda la familia habíamos dejado a los pequeños junto al Portal de Belén, terminaban por abandonar cajas y juguetes para divertirse con un globo o paseando al más pequeño de ellos en una gran caja, recipiente de un gran regalo.

Los adultos somos los inventores de los juguetes. El niño, por si solo, nunca lo hubiera hecho, porque la mayoría de los juguetes le roban imaginación, poesía a sus juegos, añadiéndole algo excesivamente real, algo excesivamente parecido a lo rutinario.

«El tren eléctrico no será nunca más que lo que es, mientras que el bastón será, sucesivamente, caballo de carreras, espada, flecha, fusil o caña de pescar» (Merlaud).

Y, eso, un simple globo de cinco pesetas puede ser la felicidad de los niños en un hermoso día de Reyes Magos cargado de juguetes.

• • •

2. El juego, derecho de los niños

Hace unos días, tomando café con un grupo de amigos, se nos fue el santo al cielo recordando los juegos de nuestra infancia y contrastándolos con los de hoy con cierta añoranza, ya que cuando nuestros pequeños viven tan enfrascados en las videoconsolas, juegos de ordenador, etc. se echa de menos que los pequeños ni tan siquiera conozcan aquellos otros tan dinámicos, divertidos y de tan poco coste como eran La Rayuela, El Escondite, El Trompo, etc.

Yo recuerdo especialmente el juego con el aro. Sí, juego de niños que bien sexistas que era la sociedad que los clasificaba, pero, ¡cómo me divertía y qué importante me sentía corriendo con el aro por las calles de mi pueblo! Y quién dice con el aro, con el diábolo, que las competiciones eran constantes y enriquecedoras, con el saltador, la comba... Cada estación del año tenía sus propios juegos.

El juego es un rasgo singular de la infancia y una actividad que acompaña la experiencia cotidiana de los niños. Además, el juego es un derecho de los niños y una expresión social y cultural que se transmite y se recrea entre generaciones.

Hoy día, no hay transmisión que valga: el último invento de la técnica, el más publicitado, el más caro es el que buscamos, a veces hasta con ansiedad económica, para nuestros pequeños. Y es evidente que nuestros niños están saciados de sofisticados juguetes pero con ellos, paradójicamente, hemos desplazado el juego ya que, con los mal llamados juguetes de ahora, los niños pasan horas sentados, absortos, manipulando, sí, maquinitas pero, ¿y la imaginación dónde queda?

Ciento de veces he comprobado —y en esta obra lo he mencionado— como los niños siguen siendo niños y basta invitarlos a un simple juego de los de antes para comprobar como les entusiasma. ¿Por qué no vuelve, por ejemplo, el aro? Tal vez no sea rentable para los jugueteros ni seguro para los padres. Más bien creo que son juguetes incómodos para todos, y que es más tranquilo y «seguro» verlos sentados silenciosos y ensimismados con la televisión o los videojuegos.

Un día preguntaba a una pequeña, que me constaba pasaba los días en casa de su abuela, qué hacía cuando salía del colegio. Resuelta me contestó: «¡Pues ver novelas con mi abuela!»

Para nada puedo acusar a tal abuela ni a ninguna de no saber mejores remedios ni conocer los peligros de todo tipo que conllevan estas telenovelas, algunas de las cuales ponen el vello de punta, incluso a los adultos, por su gran carga de violencia, sexo, machismo, etc.

Y es por ello que en esta obra quiero que encuentren remedios, fórmulas al alcance de cualquier nivel cultural e incluso físico para que sin grandes esfuerzos ni costos económicos, traten de ofertar mejores medios de pasar el tiempo jugando y aprendiendo.

3. *Tiempo de juego*

No quiero decir, ¡qué va!, que los abuelos se tengan que convertir en el «juguete» de los nietos. Eso, además de imposible, sería incorrecto porque, entre otras razones, los nietos que pasan los días con abuelos/as no pueden limitarse a jugar. Hay otras muchas cosas a las que se les puede incitar y que impliquen acción.

Una divertida anécdota nos puede situar en lo fácil que resulta pasar tiempo de juego con los niños. Uno de mis nietos, Gabriel de cuatro años, un niño increíblemente responsable y ordenado, le gusta mucho los juegos de mesa, a pesar de sus pocos años. Un día compré un bonito parchís con la intención de llevarlo a su casa cada vez que fuera y así jugar con él. El primer día que llevé el parchís, le dije: «Cada vez que venga lo traeré para que nos echemos una partida. Después, me lo llevo hasta otro día».

La verdad es que no era consciente, ni lo decía pensando que él pudiera estropearlo si lo dejaba allí. Más bien era una forma, inconsciente, por mi parte, de que así me esperara ilusionado.

¿Qué pasó? Pues, lo que podía haber imaginado: En un descuido mío, hablando con su madre, tablero de parchís y él desaparecieron. Se había escondido, a fin de que no me lo llevara. Lo busqué y le dije: «Bueno, me lo dejo aquí para ti. Cuando venga, jugamos, ¿vale?».

Y a partir de aquel día, cada vez que intuía que era yo la que llamaba a la puerta, salía a recibirme con el parchís debajo del brazo y dispuesto a que jugáramos largo y tendido.

No es lo mismo, para nada, pasar un rato con los nietos que el tenerlos, prácticamente, las veinticuatro horas del día. Personalmente juego mucho con mis nietos porque el tiempo que paso con ellos no sobrepasa, generalmente, un par de horas o de un día de campo, tiempo que se presta a jugar con ellos más que a ninguna otra cosa. No obstante, sí que en alguna ocasión, por problemas de los padres, han pasado el día conmigo, y es en estas ocasiones cuando hay que replantearse un tiempo de juego y un tiempo para que vayan adquiriendo conciencia de responsabilidad, colaboración, orden, etc.

Así que vamos a empezar este grupo, al que hemos denominado «Juegos» por enumerar algunas acciones muy convenientes en la práctica para convivir con nietos y nietas de forma habitual, diaria, en muchos casos.

Una vez más, repetir que todo va a depender de la edad que tengan porque no les vamos a pedir lo mismo a un nieto de cinco años que a uno de diez, si bien, por insignificante que pueda ser lo que hagan debemos procurar que sean conscientes de responsabilidad. Por ejemplo, si a un nieto/a de cinco años, le decimos que riegue las macetas, tendremos que encomendarle que no se moje, que no derrame agua, que procure no dañar las ramitas, etc. Y, ante todo, debemos hacerle saber lo importante que es para las plantas que él las riegue porque son seres vivos y necesitan de agua y atención.

Creo que lo más conveniente será ver por un lado posibles juegos con los más pequeños —tres, cuatro, cinco o seis años—, y por otro con los de ahí para arriba.

• • •

4. Jugamos con los más pequeños

Jugar con los más pequeños es algo sumamente sencillo pero, al mismo tiempo, ignorado. Con frecuencia pensamos que un pequeño en esas edades no se distrae con casi nada y es todo lo contrario: cualquier cosa que le sugiramos le resultará susceptible de juego y más juego.

Me voy a ir sirviendo de fotografías de mis nietos más pequeños porque creo que la imagen puede ilustrar mucho más que sólo palabras.

JUEGO NÚMERO UNO: ¡AHORA, ASÍ!

Pues no fui yo, precisamente, la inventora de este juego, sino mis propios nietos que, un día, estando con ellos, a Gabriel se le ocurrió coger un taburete y exclamar, poniéndoselo en la cabeza: «¡Mira abuela lo que hago! ¡Qué chulería! —exclamé yo—. Y a partir de mis palabras él iba repitiendo: ¡Ahora así, ahora así, ahora así, etc.! Y creaba nuevas posturas con el taburete como vemos en las fotos con el consiguiente placer de saber como lo aplaudía y animaba.

Y es lo que yo pienso y me repito sin cesar: ¿hay cosa más lúdica y creativa que este invento de mi nieto? ¡Qué maravilla son los niños! No me cansaré de repetirlo.

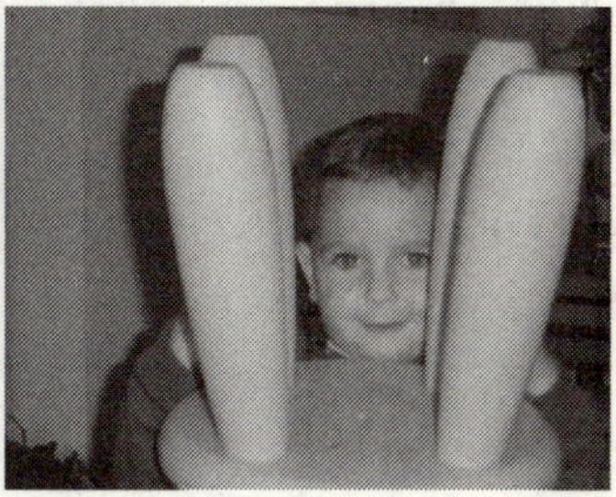

JUEGO NÚMERO DOS: AYUDAMOS

Para los pequeños es juego todo lo que implique movimiento y lo sugiramos de forma lúdica y aplaudiendo cualquier iniciativa por insignificante que parezca. Por otra parte, para ellos es muy gratificante sentir que pueden colaborar en tareas que pertenecen a mayores. Sin ir más lejos, por ejemplo, amén de lo ya mencionado como regar macetas, se les puede pedir que ayuden a limpiar el polvo de algún mueble, que barran, etc.

Este tipo de cosas lo harán de seguro de buen grado y esperando nuestro aprobado más generoso.

También se les puede pedir que ayuden a poner o quitar la mesa, encomendándole que lleven o recojan panera, servilletas, mantel, etc. evitando aquellos objetos que puedan romperse y causarles algún daño.

De igual forma encomendarles que frieguen, por ejemplo, como en las fotografías, un sillón de plástico, que ayuden en faenas de limpieza de hojas en el campo, etc.

Las siguientes fotografías bastan para ver la cara de felicidad y responsabilidad de mis nietos más pequeños atareados en faenas encomendadas.

JUEGO NÚMERO TRES: POSAMOS

Posiblemente no todos los abuelos cuenten con medios para llevar a cabo esta actividad-juego, tal y como la pueden ver en las siguientes fotos. Me refiero a que las cámaras digitales que tantos y tan rápidos resultados ponen a nuestro alcance, no son patrimonio del que dispongan todos los abuelos, pero no es imprescindible hacerles fotos para proceder a este juego.

Creo que todos los mayores recordamos aquel otro juego de nuestra infancia que llamábamos Jugar a las Estatuas y que consistía sencillamente en adoptar posturas, gestos que imitarán algo o a alguien. A mí me gustaba figurar que era una bailarina.

Y así nadie queda exento de este juego tan divertido para los pequeños. En las siguientes fotos, mis nietos más pequeños, Gabriel y Ramón, posan, ante mi cámara, con gestos distintos y si bien el más pequeño opta por cara de enfado, en cada foto la mueca es diferente.

No sé al lector pero a mí me resultan estas fotos de un gran valor y no sólo porque son auténticas sino porque a los propios niños autores, les encanta verlas posteriormente.

Unos cuantos principios o reglas, que no tendríamos que olvidar nunca los abuelos de cara a la convivencia con nuestros nietos:

- Debemos hacerles sentir que son protagonistas de algo.
- Debemos hacerle sentir que colaboran y ayudan.
- Debemos hacerles sentir que son útiles y responsables.
- Debemos aplaudir cada pequeña acción positiva.
- Y la principal: no descalificar nunca. Si una cosa está mal o regular, mejor no hacérselo saber sino sencillamente decirle algo así: «¡Bueno! No está mal pero tú puedes hacerlo mucho mejor. ¿Por qué no lo intentas?»

JUEGO NÚMERO CUATRO: VEMOS Y CLASIFICAMOS FOTOGRAFÍAS

No es tanto un juego como una distracción que gusta a todos los pequeños. Se trata de poner en sus manos cajas o álbumes de fotografías y bien que ordenen por familias, bien que reconozcan nombres y parentescos de los fotografiados. Personalmente soy muy aficionada a la fotografía y no pierdo ocasión de fotografiar a mis nietos siempre que celebramos algún evento o simplemente una reunión o día de campo.

Y cuando llega la ocasión, una de las primeras cosas que quieren hacer es, precisamente, esto: ver las fotos. Algunas, a propósito, las guardo en cajas y cuando vienen a casa les doy sobres y les pido que en cada sobre vayan guardando las fotos que pertenecen a una misma familia.

Otras fotos las tengo en álbumes pero, de igual forma, les encanta pasar páginas y encontrarse con padres, tíos, abuelos, primos, etc.

Ángela, con tres añitos, se extasía con un álbum de fotos familiares.

Y cosa muy curiosa: Personalmente no me pierdo ni un solo atardecer sin fotografiar la puesta del sol o cualquier nube que me parece sugerente. El verano pasado se fue una de mis hijas con la familia a la costa de vacaciones. Un día me dijo por teléfono: «¿Sabes que he tenido que comprarle a la niña una cámara de fotos? Se pasa el día repitiendo: ¡Ay, esto, lo otro si la abuela lo viera!». La niña, mi preciosa nieta Isabel María, tenía nueve años.

JUEGO NÚMERO CINCO: KARAOKE PARA TODOS

¡Esto sí que es divertido! Por muy poco dinero compré hace tiempo los artilugios de un sencillo karaoke y, ¡vaya si fue un éxito y vaya si lo pasamos bien! Todos querían coger el micro e imitar cantantes, al tiempo que bailaban con sencillos movimientos que provocaban la carcajada de los demás.

Creo que ni tan siquiera se precisa la compra del karaoke. Basta colocarles en la mano algo parecido a un micro para que se identifiquen con cantantes y comience el juego.

Javier y Gonzalo, cuando tenían tres y cinco añitos

Y bueno, me parece que no tendría fin la enumeración de cosillas que podemos hacer para que se diviertan y a prendan nuestros nietos/as. Para no alargarme más en este tipo de juegos, voy a enumerar algunos más a modo de sumario:

- Jugar al corro.
- Jugar al anillito.

- Jugar a la palmada.
- Jugar al teléfono.
- Jugar a hacer castillos.
- Jugar a las casitas.
- Jugar a la gallinita ciega.
- Jugar, cuando llueve y escampa, a mirarnos en los charcos.
- Jugar a ser jardineros.
- Jugar, si salimos a la calle o al campo, a buscar hormigueros.
- Jugar a dibujar familia.
- Etc.

Javier, jardinero

Dibujo de familia

Si se trata de nietos/as algo mayores, las cartas es un buen entretenimiento. También los pequeños, en juegos como el «burro», por ejemplo, pueden participar.

Otros juegos de mesa compatibles con todas las edades son, por ejemplo, la lotería, las damas y no digamos el parchís y similares.

Completa felicidad para los nietos/as sentarse alrededor de una mesa con su abuelo/a y jugar a lo que sea.

¡Qué placer también para los abuelos/as compartir pequeñas trampas, ingenuidades, palabras, etc.!

5. OTROS JUEGOS: JUGAMOS CON LAS MANOS

En mi obra *Chiquitines,* ya citada, los abuelos/as pueden encontrar infinidad de juegos para los más pequeños. A modo de muestra cito algunos de los muchos en ella explicitados.

LA CUEVA

Se unen las palmas de las manos, manteniendo los dedos bien pegados los unos a los otros, como si fuéramos a rezar.

Una vez preparados, repiten despacio, al tiempo que ahuecan los dedos sin separarlos y con las palmas pegadas:

Mis dedos juntitos
una cueva pueden ser
en ella me encierro
cuando empieza a llover.

(Se repite varias veces, hasta que los pequeños lo hagan de forma rápida y conseguir que efectivamente se logre formar una especie de cueva. Hay que insistir en que las puntas de los dedos estén como pegadas).

SEGUIMOS:

(Poco a poco, al repetir la estrofa que sigue, los dedos se van separando y también las palmas de las manos, hasta dejarlas unidas sólo por la parte más inferior).

Cuando pasa el chaparrón
y brillante sale el sol
mi cueva se abre
como una blanca flor
y yo salgo de ella
a pasear como un señor.

(Igualmente se repite, tratando de hacer todo desde el principio).

SUBIR Y BAJAR

Se une el índice de la mano derecha con el pulgar de la mano izquierda y el índice de la mano izquierda con el pulgar de la derecha.

Después se separa el índice de la mano derecha y pasándolo por encima del índice izquierdo unido al pulgar derecho, se vuelve a unir con el pulgar izquierdo, y así sucesivamente.

A la altura del pecho se empieza pero se trata de ir, primero subiendo y después bajando. Pegando y despegando los dedos se repite un movimiento como de escalada y descenso.

Al mismo tiempo se repite:
Mis dedos juegan
a subir y a bajar.
Su mamá les dice
¡Dejadlo ya!
que de subir y bajar
os vais a marear.

EL PASEO DE LOS DEDOS

Con los dedos índice y corazón, en posición lo más erguida que se pueda, sobre una mesa, se van simulando pasos: tres hacia adelante; tres hacia detrás.

Después se imitarán saltos pequeños sobre la mesa con los mismos dedos.

Al tiempo se repite:
Mis dedos andan
adelante y atrás
mis dedos saltan
y vuelven a empezar:
tres pasos adelante
tres para atrás.
De un salto grande
¡al cielo voy a llegar!

Y no se trata de reproducir aquí la obra completa *Chiquitines* pero aseguro que en ella los abuelos encontrarán toda clase de estrategias sencillas y divertidas para los más pequeños.

Bueno, con las manos, con los dedos, con los pies, con la cabeza, todo nuestro cuerpo es como un gran tablero de juego.

Algunos más para enriquecer este pequeño arsenal que vamos, poco a poco, construyendo:

(Siempre recitando y actuando).

Con mis dedos pulgares
hago un pajarito

que vuela muy alto,
que vuela bajito.

MÁS JUEGOS

Por un caminito
mis cinco dedos caminan
un pulgar se cansa
y se echa encima.

Por un caminito
mis cinco dedos van.
Caminan despacio,
caminan ligero,
parecen, ¡qué risa!
Damas y caballeros.

Los deditos de mi mano
durmiendo están.
Los meñiques se despiertan
y llaman a su mamá.

Los dedos de mis manos
juntitos están.
Se abren, se cierran
tralaram, tralaram.

Con mis dedos juntitos
hago una cueva
y le pido a la Virgen

que llueva, que llueva.

El dedo gordo llama a la puerta,
el dedo chico no quiere abrir
y los otros tres se echan a reír.

Mi dedos juegan a subir y bajar
su mamá les dice que se van a marear.

Mis dedos andan adelante y atrás,
se detienen dan saltitos
y vuelven a empezar.

JUEGO NÚMERO SEIS: DIBUJAMOS CARAS

Una simple fotocopia como la siguiente puede ser detonante de un divertido juego.

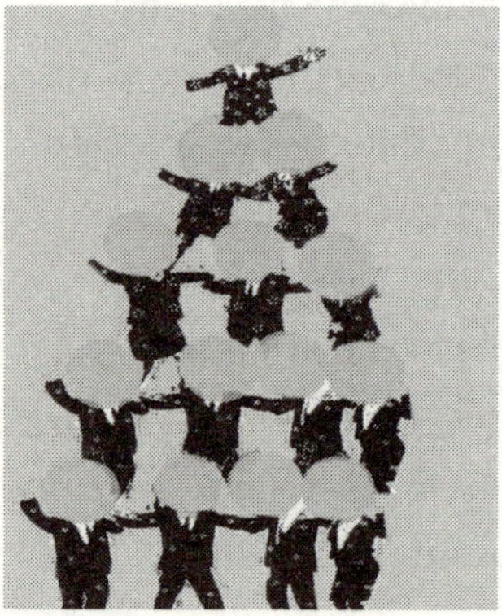

De muy variadas formas podemos enfocar esta actividad con resultados siempre muy positivos. Veamos algunas:

- Sugerirles que dibujen caras de la familia —si saben escribir, que pongan el nombre.
- Que dibujen cara de famosos.
- Que dibujen cara de amigos.
- Que dibujen caras de compañeros y compañeras del colegio.
- Que en cada cara, dibujen un gesto: risa, llanto, sueño, duda, etc.
- Que todo sean hombres, que todo sean mujeres o que se simultaneen.
- Etc.

De esta manera, el dibujo, tan aburrido y complicado para muchos niños, se transforma en un juego que dará mucho que comentar y opinar.

JUEGO NÚMERO SIETE: HACEMOS SERPENTINAS

Son muchos los juegos que los abuelos tendríamos que rescatar del olvido y éste de hacer serpentinas tendría que ser uno de ellos. Por si alguien ha olvidado de que hablo, describo el procedimiento.

- Se cortan tiras de un color o de varios de papel cebolla.
- Se pegan las tiras que deseemos, según como queramos de larga la serpentina.
- En un extremo le atamos una pequeña bolsita, muy pequeña, rellena de algo que no pese mucho, a fin de que no pueda hacer daño al caer. Por ejemplo, se puede rellenar de serrín.

- En otro extremo ataremos un cordón o cuerda fina de medio metro, más o menos de larga.
- Y ya sólo resta buscar un lugar apropiado —un día de campo, por ejemplo—, para voltearla y lanzarla para arriba.

¡Probad, probad, abuelos/as que yo lo he hecho varias veces con mis nietos y el resultado, una auténtica delicia! En una ocasión lo hicimos en la zona ajardinada del apartamento de la costa y fue tal el éxito que todos los niños y niñas de la zona, quisieron participar aprendiendo, primero y señalando otro día para lanzarlas todos a la vez.

El juego, ¡siempre el juego!, será la mágica estrategia que logrará cualquier objetivo que nos propongamos.

A veces, con nostalgia, caigo en la cuenta de como pasó rápido el tiempo de la infancia de mis hijos. No obstante, al recordar mis años de niña siento haberlos vivido eternamente. Creo que la diferencia viene marcada por los tiempos actuales que precipitan el paso del mundo mágico al mundo de las realidades. Los medios de comunicación, la sociedad, en general, la escuela, todo es como un correr hacia lograr metas que por edad no les corresponden con el abandono de las vivencias propias de la infancia.

Que, al menos, los abuelos/as colaboremos a prolongar estos maravillosos años el tiempo que le pertenece y no vivamos empeñados en hacerles comprender lo inútil y falso de los sueños, porque no hay cosa más triste que los ojos de un niño que han visto pronto el dolor de la vida.

Otras actividades y juegos

1. SUGERENCIAS GENERALES:

- Salir con los nietos a dar una vuelta por el barrio para conocer puntos clave, como pasos de peatones, parada de autobuses, Centro Cívico, Centro Médico, señales de tráfico, plazas, jardines, árboles, etc. Siempre que los abuelos/as dispongan de medios, sería muy interesante que hicieran fotos a los nietos posando en estos lugares. Por ejemplo, junto a una fuente, en la puerta de un Centro Escolar, agarrado al tronco de un árbol, etc.
- Proyectar ir una tarde al cine.
- Dar una vuelta a la ciudad en autobús para conocerla bien.
- Visitar el Zoológico, el Jardín Botánico, museos, etc.
- Enseñarles canciones.
- Y un etcétera muy largo que tanto abuelos como abuelas conocen, a poco que piensen.

2. POESÍAS DIVERTIDAS PARA NIETOS Y NIETAS

Y termino esta segunda parte con algunas cosillas dedicadas expresamente a mis nietos/as por si son útiles para alguien más.

En las siguientes los nombres son los de mis nietas pero se pueden sustituir por otros cualquiera.

A MIS NIETAS

Un beso y una rosa,
para Isa, mi nieta más hermosa.

Un beso y una estrella,
para Amalia, mi nieta más bella.
Un beso y una mariposa.
para Ángela, mi nieta, graciosa.

TRES SIRENITAS

Tres sirenitas muy divertidas
jugaban y reían a orillas del mar.
¡Fuera, fuera de aquí!
—gritó un calamar.
Esta es mi casa.
Meteos en un cubo
si os queréis bañar.
Las tres sirenitas muy divertidas
jugaban y reían sin escuchar al calamar
que furioso dijo: os vais a enterar.
Y de un coletazo llenó de tinta el mar.
Ángela asustada
quiso correr
pero Amalia le dijo
¡No seas tonta,
nada nos puede hacer!
¡Claro, el mar suyo no es!
—dijo Isabel.
Tres sirenitas muy divertidas
jugaban y reían a orillas del mar.
Un bonito día

A MIS NIETOS
¡Que sí, que no, que vaya usted a saber
por qué a mi Ramón le gusta comer!
¡Que sí, que no, que vaya usted a saber
por qué a mi Gonzalo le gusta leer!
¡Que sí, que no, que vaya usted a saber
por qué a mi Javier le gusta la miel!
¡Que sí, que no, que vaya usted a saber
que empiece usted a reír
porque a mi Gonzalillo le gusta dormir!

Hola, Ramoncito (Gonzalito, etc.)
hola, don Ramón
¿Dónde vas tan de mañana?
Voy a casa de mi hermana.

Parece que hace frío.
Parece que va a llover.
Parece que eres tonto.
Si llueve echa a correr.

TERCERA PARTE

Del diario de una abuela

Hace años me impuse la tarea de llevar una especie de Diario de todas aquellas cosas que de alguna manera me impactaran, o pudieran impactarles a mis nietos un día.

Mi primer nieto, Gonzalo, ha sido el que mayor contacto, por muchas razones, ha tenido conmigo. Recién nacido ya se quedaba a dormir en mi cama algunos fines de semana que sus padres, muy jóvenes, querían salir por la noche. También creo, sinceramente, que mi hija lo hacía por buscarme una forma de estar acompañada, distraída, dado que hacía poco tiempo de la muerte de mi marido y dado que mis años lo permitían con holgura.

Otra razón de aquella cercana convivencia fue el hecho de que mi hija tenía la escuela en un pueblo de Córdoba. Salía de su casa muy temprano y me lo dejaba para que antes de irme yo a la mía, lo llevara a la guardería. Desayunábamos juntos y en ese espacio de tiempo aprendí tanto que escribí una obra, hoy editada y traducida, titulada *Conversaciones con mi nieto*, obra que, por supuesto, recomiendo a los abuelos y abuelas porque su frescura contagia y encanta.

Me cuenta mi hija, que hoy, mi nieto Gonzalo, con dieciséis años, estudia con la obra en su escritorio y le dice que lo pasa muy bien leyéndola. Efectivamente. ¡Ojalá mi abuelo/a hubieran escrito algo sobre mí en años de mi in fancia!

Aquella obra, ésta que escribo y alguna más que guardo en cartera, son fruto de este singular Diario, práctica que también recomiendo a los abuelos. Es muy gratificante leer y releer sus ingenuidades, palabras, descubrimientos, etc. No hace falta ser escritor ni mucho menos. Basta con anotar las anécdotas y cosillas que vayan protagonizando, así como sus trabajos, etc.

A modo de ejemplo, y más que nada, como lecturas deliciosas, he creído conveniente incorporar en esta obra algunas de aquellas páginas que siguen y seguirán mientras viva. Algunas son a modo de cartas; otras simples, pero inolvidables anécdotas, palabras... ¡Una maravilla todo!

¡Venga, abuelo, abuela, lee y empieza tu Diario!

Mi Amalia descubre las espinas

Mi querida chiquitina, Amalia: Hoy, después de comer, tu padre y tú me habéis recogido para subir al campo.

La tarde estaba espléndida: mucho sol y alguna nubecilla blanca que parecía pasear por el cielo como nosotros lo hacíamos por la carretera.

Cuando llegamos allí, ¡vaya sorpresa! Todo estaba florecido como en primavera. El naranjo, blanco de azahar, los rosales cuajados de rosas y hasta las lilas en hermosos ramilletes nos sorprendieron.

Tu padre, en urgente tarea, se puso manos a la obra, que no era otra cosa que recoger muebles y ordenar un poco de cara a la llegada inmediata de los albañiles.

Pero, tú y yo, de la mano, fuimos recorriendo los rosales. De pronto, te me escapaste y con decisión te lanzaste a coger rosas. «¡No, no, vida mía, ten cuidado que pinchan! —te grité, al tiempo que te apartaba las manos de una maraña de ramas.

Pero ya era tarde; te habías levemente clavado una espinita que te quité con mucho cuidado, y tu preciosa carita se puso triste. «Las flores pinchan —exclamaste entre sorprendida y asustada—. No —te contesté—; las flores no pinchan. Las espinas, sí, pero están en las ramas. Vamos a coger una rosa con cuidado».

Por más que lo intenté, te quedabas rezagada. Era como si la belleza de las flores, el placer de cogerlas, de olerlas, de tenerlas entre tus manitas, se hubiese eclipsado para siempre de tus ingenuos deseos. Por eso, con mucho cuidado, desgajé, ante tu expectación, un tallo de rosa y, una por una, le quité todas las espinas. «¿Ves…? —te dije—. Ya no pincha. Cógela».

Y la cogiste, con algo de recelo, al principio, pero inmediatamente tu cara volvió a iluminarse para repetir: «¡Ya no pincha!».

Hicimos un ramo grande con rosas, azahar y romero. ¡Qué olor a primavera! Pero sobre todo, ¡cuánta belleza había en ti, mi preciosa chiquitina! Tú eras lo más hermoso, el milagro más sorprendente en medio de aquella insólita primavera.

Mientras tu padre daba los últimos repasos a la casa, tú seguías empeñada en coger cuantas florecillas veías en el suelo, sin cesar en tu descubrimiento:«No pinchan, abuela. Las espina son malas pero las rosas huelen muy bien y son de colores».

¡Cuánta razón tenías, mi pequeña y preciosa nieta! La vida, ¿sabes?, puede ser como una hermosa rosa en la que se clavan espinas pero no olvides nunca lo que hemos hecho hoy: quitarlas con cuidado para no pincharnos ni pinchar. Y otra cosa, cuando camines, mira de vez en cuando para atrás por si a tu paso quedó alguna que pueda dañar a algún ser humano. Si es así, regresa, arráncala y sigue caminando. ¡Cuánto te quiero, linda!

En casa de la abuela

Hoy ha sido un día malo para mis chiquitines. En su casa están de obra y a pesar de lo mucho que mi hija vela para que se encuentren bien en todo momento, la verdad es que estorban constantemente, molestan con su natural forma de jugar que no es otra que a base de echarse «peleillas», algo que irrita a cuantos los rodean, y máxime con la casa levantada.

De ahí que, después de comer, se han venido aquí conmigo. También han hecho algunas barrabasadas: me han roto un magnetofón, que por cierto hasta ha saltado el automático de la luz, me han tirado carpetas, papeles, etc.

Su madre, mi preciosa Isa, embarazada y con los nervios a flor de piel a cuenta de la obra del salón, malhumorada ha exclamado:

—¡Es que no se pueden estar quietos ni un momento!

—¡Claro que no! —le contesto—. Se te olvida que son niños.

Bajamos a tomar café. En la cafetería yo digo:

—Cuando mis niños ganen dinero, invitarán a su abuela.

Gonzalo, el mayor —cinco años—, dice:

—Cuando yo sea grande tú ya te has muerto con Dios, abuela.

Y añade:

—¿Cuánto te falta, abuela? Yo me voy a acordar siempre de ti, y de las flores y de las nubes. ¿Cuánto te falta abuela? Yo no quiero que te falte…

¡Ay, mi pequeño! Todavía me falta pero siempre te quedarán las nubes, las flores y todas esas cosas que mis ojos miran y se extasían por su hermosura. Con ellas y en ellas me encontrará siempre.

• • •

Ratón Pérez

A mi nieto Gonzalo se le ha caído el primer diente. Su madre le ha dicho:

—El Ratoncito Pérez a lo mejor te trae un regalo y te lo deja debajo de la almohada.

Mi Gonzalillo, primero calla, después dice:

—¿Y cómo sabe el Ratoncito Pérez que se me va a caer el diente? ¡Pues yo no sé, cuando se va a abrir una flor!

Días después, alguien, en el colegio, le dice que eso es una mentira, que no hay tal ratón.

Gonzalo llega contento a su casa. Dice:

—Mamá, no hay ratón. Menos mal porque a mi me daba miedo de que un ratón entrara en mi habitación y me tocara mi almohada.

¿Sabes, querido Gonzalo? ¡Uy, uy! Eso de que un ratón, por muy Pérez que sea y todo eso, entre y se meta debajo de nuestra almohada es cosa que también a mí me da repeluco.

Bueno, son mentirijillas inocentes que los papás dicen para sorprender a sus hijos con la caída del primer diente. Así que es una prueba más de que nos quieren mucho, mucho y de que ese dientecito que has perdido vale para ellos un tesoro. Todavía guardo yo los primeros dientes de tu madre y de los titos Ramón y Belén. ¿Qué te parece? ¿Qué no lo entiendes? Yo creo que sí porque eres listillo y bueno.

No olvides nunca una cosa: cualquier acontecimiento, por pequeño que sea, protagonizado por un ser humano, merece atención y cariño por nuestra parte. Lo entenderás, un día: La vida tan sólo es eso: pequeñas cosas. Y caerse el primer diente no es cualquier cosa, sino tu confesión pública de que vas cumpliendo años.

Que los llenes de amor por cada diente que se te caiga, por cada lágrima que derrames o derramen a tu alrededor, que los llenes de páginas escritas con la mejor letra que seas capaz de crear. Te quiero, te quiero y te quiero.

Soledad de mi nieto Javier

Mi hija se ausenta unos minutos para bajar a Gonzalo. Javier se queda sentado viendo en la tele los Teletubbies. Cuando volvió su madre se lo encontró abrazado al pijama de su hermano Gonzalo, llorando y repitiendo: «¡*Alalo, Alalo*!»

—¿Qué te pasa? —le pregunta—. ¿Por qué lloras?

—Quiero que esté conmigo, «*Alalo*» —Gonzalo, su hermano—. No quiero que se baje.

¡Qué hermosa lección, vida mía! Un simple pijama puede darnos compañía cuando representa amor, lealtad y… ¡tantas cosas!

• • •

Noche de Navidad

¡Gran noche! Nos reunimos todos. La casa es un puro regalo. Como cada año, los obsequios son mutuos. Mis niños se han sentido desbordados por tantos regalos. A Javier le ha gustado mucho un maletín de herramientas que le he comprado yo. Constituido en «operario» y a ristre con la primita Amalia, iba y venía de la puerta del piso a mí, con su maletín en la mano. Decía:

—¿Qué te arreglo, abuela?

Y yo le contestaba:

—El frigo no funciona.

Abría el maletín, sacaba herramientas, manipulaba, recogía y extendiendo la mano repetía:

—El dinero, que ya está arreglado.

Agarraba a la primita de la mano y se iba. Al instante volvía con la misma historia.

Mi Gonzalo se ha comportado como un poco mayor que es ya. Ha jugado él solo con unos camiones, regalo del tito Ramón.

Una noche feliz para mis niños y para todos.

Y ahora ya, de madrugada, cuando, posiblemente, al fin durmáis todos, la abuela sigue aquí, en el salón, como si quisiera prolongar esta noche mágica hasta que se la robe el día, porque el rastro de vuestra alegría es la mejor pila que me activa las emociones y me hacen compartir un mundo nuevo en el que vosotros, mis niños, sois personajes que llenáis todo y hacéis que lo de afuera pase a ser así como secundario.

Hace mucho frío. He salido a la terraza —ya sabéis que lo hago todas las noches— y le he puesto nombre a las estrellas que he alcanzado a ver. ¿Adivináis cómo se llamará desde ahora mis noches estrelladas? Sí, eso: como cada uno de vosotros y hasta le he asignado, el que a mí me ha parecido, a los hermanos que todavía no han nacido. Lo dibujaremos, una tarde. ¿A qué será bonito ver vuestros nombres en las estrellas?

Ahora sí, ahora ya me voy a la cama. Dejaré la ventana abierta para seguir leyendo estrellas. Os quiero tanto…

Lección de amor

Mis nietos Gabriel y Ramón —cinco y cuatro años— se han quedado un rato conmigo. Como les encanta ver fotos y verlas en la tele, les he abierto un archivo de fotografías de ellos, cuando eran bebés. Ramón, que estaba excesivamente gordito en su primer añito, al verse, no se gustó y repetía:

—Ese no soy yo, ese no soy yo.

Gabriel, con toda la ternura del mundo, le decía:

—No, Ramón, ese no eres tú; ese soy yo.

Gabriel y Ramón

Jamás podré olvidar tan maravillosa lección de amor. Creo que no se puede llegar a más: apropiarse lo negativo del otro para que no sufra es algo inimaginable. Es la primera vez en mi larga vida que he vivido, presenciado una lección de amor más generosa, sincera y auténtica que la de mi chiquitín, esta tarde.

Me emociono al recordarlo y doy gracias a Dios por dejarme vivir para disfrutar de lo mejor que me ha regalado la vida: mis nietos.

Maratón de mi nieta Amalia

Mi hijo me ha mandado la foto de mi nieta Amalia corriendo en una maratón. Me contaba, y es evidente en la foto, que le dolía una rodilla y se quedó la última. Él le repetía que se retirara, pero ella, como si no oyera nada, seguía y seguía hasta llegar a la meta.

Y, cuando, al fin lo consiguió, sólo repetía:

—¡He llegado, he llegado!

¡Cuánta emoción, linda mía! Esta abuela, tonta, llora, y no precisamente, porque esté triste al verte, sino porque, a tus pocos años, has comprendido lo que la mayoría de los adultos ni saben, ni entienden, ni quieren: El éxito de cualquier empresa no consiste en llegar el primero —muy deseable, por supuesto—, sino en llegar. El arrojar la toalla, abandonar la maratón a la primera dificultad es cómodo, es sencillo. No obstante hay algo mucho más importante que el premio de ser el primero y que se verbalizó en tus labios de niña de siete años: ¡He llegado!

Mi pequeña y querida nieta Amalia: Esta noche, cuando, como hago siempre, he salido a la terraza a despedirme del día, antes de irme a la cama, tu imagen, tu carita de cansancio y hasta de angustia por alcanzar la meta, se me sobreponía con el cielo estrellado, se me sobreponía y se me elevaba por encima de todos los edificios de la ciudad, sombras fantasmagóricas, eclipsadas por la maravilla de tus zapatitos corriendo sobre el asfalto, por tu camiseta luciendo, en tu espalda el número asignado que poco te importaba ya que tú sólo mirabas hacia delante, hacia ese lugar donde una bandera te esperaba para darte la bienvenida de los ganadores. Tú, tan pequeñita, estarás siempre visible en mi universo de cada día y de cada noche.

Aquí, como fondo de mi escritorio, te tendré siempre y como fondo de mi corazón, tus palabras que ojalá pueda repetir el último día de mi vida: ¡He llegado!

Mi Javier sabe cómo ayudar

Mi querido Javier: Tú no lo conoces pero llevo un Diario, desde hace muchos años, en el que, como mágica colección, voy escribiendo todas aquellas cosas vuestras que me han ido emocionando y enseñando que la vida tiene siempre cartas guardadas para quienes saben leerlas, y vosotros, mis nietos, me las habéis desvelado, me las desveláis todas cada día.

Hoy, cuando, sensible e inteligente que eres, a tus doce años comprendes mucho más de lo que te corresponde, transcribo al pie de la letra, y como felicitación, algo que te concierne y que en su día me dio cuerda para seguir viviendo.

Amanece un mal día para mí. Me siento un tanto mareada, floja y deprimida. No obstante, como cada día, madrugo y bajo a desayunar a la cafetería del bloque. De pronto, allí, los mareos me oscurecen la vista y siento miedo a caerme, al tiempo que una fuerte taquicardia me altera de tal manera que no puedo moverme. Con dificultad, hago señas al camarero y le pido que llame por teléfono a mi hija Isabel María.

A los pocos minutos, mi hija, que vive cerca, se presenta. Me lleva a su casa, a pesar de mi dificultad para moverme.

Y no sólo me siento mal, sino que me aflijo tanto de verme así que unas lágrimas se escapan de mis ojos sin poderlo evitar. Cuando entramos en su piso, mi Javier, sentado en la alfombra, juega con un cochecito.

Al verme, se queda como paralizado. Deja de jugar, me mira en silencio, me observa con un halo de tristeza en su carita. De pronto, me pregunta:

—¿Estás malita? ¿Sí?

—Un poco, vida mía —le contesto.

Vuelve a quedarse estático. Siento pena y hago un esfuerzo por sonreírle.

—Toma —dice, colocando entre mis manos su cochecito.

Y añade:

—¡Sí, tiene pilas!

—¡Qué bonito! — exclamo.

Y lo echo a andar.

Entonces, mi chiquitín, corre en busca de su madre, al tiempo que grita:

—¡La *abela* —la abuela — ya esta *mena* —buena—! ¡La *abela* mía ya está *mena* con mi coche!

Mi precioso chiquitín: ¡claro que me puse buena! Nadie mejor que tú podía haber penetrado en la tristeza de mi alma y nadie podía haberme dado mejor remedio que el que tú me diste y, ¿sabes por qué? Porque tus ojillos inocentes estaban llenos de amor y compasión y porque, como remedio, me diste lo más valioso que tenías: tu cochecito.

Esta noche, ya recuperada, aquí en mi casa, que también es tuya porque, a medias palabras pero con las ideas muy claras, dices que las cosas son de «*toros*» —todos—, pero todos son: «el papá mío, la mamá mía, Gonzalo y la *abela* mía», te veo tan chiquitín, tan gracioso, tan ingenuo y bondadoso que el alma se me llena de ternura al recordarte.

Todos los males del mundo, prenda mía, se pondrían «buenos» si fuéramos capaces de verlos, observarlos, como tu observabas mis lágrimas, y depositar en sus manos lo mejor que tenemos todos que, en definitiva, no es otra cosa que amor.

Cuando seas un hombre, acuérdate de que hoy, cuando el siglo se acaba, tú, tan chiquitín, has descubierto como se borrarían las lágrimas del mundo y se cura a una abuela que tanto te quiere.

La novia de mi Gonzalo

Mi Gonzalo me cuenta:

—¿Sabes una cosa, abuela?

—¿Qué cosa?

—Que mi novia, Noelia María, en la fila me ha dicho: «Gonzalo tengo que decirte algo muy serio».

—¿Y qué era esa cosa tan sería?

—No lo sé. Me dijo: hemos acabado.

—¿Qué hemos acabado? —le pregunté.

—Que ya no somos novios.

—¿Y estás triste por eso?

—Abuela, ¿no ves que yo no había empezado?

¡Cuánta razón llevas mi niño! Tienes muy pocos años para entender de formalidades pero ya conoces qué es empezar y qué terminar, y la tarea de ser novio, efectivamente, tú, ¡ni idea! Te quiero decir algo por si un día llega a ti este Diario: Antes de empezar cualquier obra, y máxime la de elegir pareja para formar una familia, hay que pensarlo bien. No vale la primera persona que nos lo proponga. Vale el estar convencido de que, con ella, y para siempre, sin que acabe hasta la muerte, quieres empezar una relación.

Tu compañera Noelia María tampoco sabe de estas cosas. Así que tómalo como lo que es: un juego. ¿Sabes que también yo tuve un novio de niña? Sí, se llamaba Manolo. Otro día te contaré cosas de él.

Nueva nieta

Mi hija Isabel María recibe, al fin, la noticia de que va a ser niña lo que espera. Javier y Gonzalo exclaman:

—¡Era mejor otro niño!

—¿No queréis tener una hermanita? —les pregunto.

—¡Bueno! Se puede llamar como una de mis cinco novias, abuela —dice algo más animado Gonzalo.

Nuevos nietos que ya están en mí casi de idéntica manera que lo están en los vientres de sus madres. Dos nuevas nietas —mis hijos Ramón y Amalia también esperan niña.

¡Qué alegría! Doy gracias a Dios por dejarme vivir para verlo y miro al cielo, porque sé que desde allí, el abuelo Mariano me hace un guiño que quiere decir: ¡Ea! ¡Para que veas el resultado de nuestro amor!

Y así un día y otro

Coinciden aquí tres nietos. Jugamos al esconder. A mi Javier le encanta agachar la cabeza en mi falda y que yo cuente, mientras los dos se esconden.

Jugamos a la gallinita ciega. Yo soy la gallinita. Ellos, que nada sabían de este juego, se lo pasan pipa.

Día 12 de diciembre

Mi chica ve un anuncio en el que aparece un negro. Dice: «Ese hombre no me gusta. ¿Cual? —le pregunta su padre—. El que está coloreado —explica señalando al negro».

Día 14 de diciembre

Mi Gonzalo quiere guardar dinero en la hucha porque dice que, si cuando sea mayor no se puede comprar un coche o una moto, no podrá ir a trabajar, y si no puede ir a trabajar, no ganará dinero. Luego será un pobre.

Día 15 de diciembre

Mi Javier está muy contento porque le han puesto luces en su dormitorio —halógenos—. Los habían puesto en toda la casa, menos en su dormitorio. ¡Qué agradecido es mi chiquitín!

Lunes 20 de diciembre

Me quedo con mis niños porque su madre va al ginecólogo. Gonzalo juega al fútbol en el polideportivo y mete un gol. Yo espero con mi Javi en la cafetería. No cesamos en el juego. Después venimos a casa y vemos una película. Cuando llega su madre no se quieren ir. «La abuela es más divertida —dice.»

Martes 23 de diciembre

Coinciden aquí mis tres preciosos hijos y mis tres nietos. Me siento feliz por tenerlos un rato a todos conmigo.

Gonzalo pasa el tiempo extasiado con *La Bella y la Bestia*. Javier, constituido en padre de mi chiquitina, la lleva y la trae a la cocina para darle agua. Juegan al esconder. Les doy chocolate y ¡caja de pastas al canto!

Se van y yo insisto: ¡que se repita; que se repita!

Última página

Sí, última que transcribo pero no de mi Diario, que va creciendo con los días y los acontecimientos, sino de esta cesión hecha de él como algo más que aportar a tantos abuelos y abuelas que al leer irán superponiendo sus experiencias y emociones con las mías.

Y es que los seres humanos, todos, podemos aunarnos por algo que bulle en nuestras entrañas por igual: la fuerza de la sangre. Algo muy profundo que nos late en los pulsos y nos induce al sacrificio, a la alegría y al amor.

EPÍLOGO

Dieciséis años han pasado desde aquella primera carta que dediqué a Gonzalo, mi primer nieto. Hoy, cuando ya es un adolescente aplicado, responsable, cariñoso, quiero terminar como empecé: con una carta que le dediqué cuando, cargado de libros, lo vi en su primer día de instituto.

Dónde vas, pequeño

Difícil, muy difícil, pequeño mío, expresar en estas breves líneas tan profundos y variados sentimientos como los que me violentan esta mañana cuando te veo camino, en este primer día de clase, de un instituto.

Sí, ¡claro que he llorado!, pero de rabia, de impotencia y hasta de miedo porque, ¿dónde vas con tus doce años recién cumplidos, cargado, que caminabas encorvado, con unas «cincuenta mil pesetas» entre libros y material sobre tus débiles espaldas? ¿Dónde vas, camino de un instituto que te viene grande, demasiado grande para tus pocos años? ¡Si fue ayer, cuando gravaba tus primeros balbuceos, cuando te llevaba de la mano a la guardería, cuando con tu gracia, talento y creatividad me inspiraste varias obras, hoy editadas y hasta traducidas!

Rabia e impotencia y no porque hayas crecido, sino porque, nervioso, aturdido, reflexivo caminabas entre tu grupo de compañeros y amigos, tan nerviosos y aturdidos como tú, a un escenario, cuya pasarela no debería ser todavía tu destino porque, a pesar de tus rabietas, tus aparentes precocidades de adolescente, no eres más que un niño, un pequeño que, abrumado por tantas responsabilidades, vas perdiendo tu espontaneidad y perenne sonrisa...

Rabia e impotencia, sí, porque no somos capaces de inventar una enseñanza más acorde con tus gustos, intereses, con tu edad... Y porque no somos capaces de inventar un mundo mejor donde te sientas seguro, donde puedas crecer siendo tú sin tener que ceder jamás ante el miedo o la intimidación por parte de los «gigantes» que acecharán tu bondad e ingenuidad para hacerte su presa.

En esta primera mañana de tu asistencia a ese centro, quiero decirte algo: La vida es para todos una gran aventura, y tú has comenzado ya a protagonizar la tuya. Demasiado pronto, sí, pero trata de rotular a tu manera dos palabras que la definan hasta el final: Ilusión y amor.

Me queda, no obstante, mi rabia e impotencia, una certeza que me alivia: Tus nuevos profesores, al igual que yo, saben de ti y de tus problemas. Con su profesionalidad y amor te darán lo mejor. ¡Bravo, mi niño, y adelante!

Casi quiero terminar ya, aunque confieso que me lo estoy pasando de maravilla transcribiendo, y así recor-

dando, tantas cosas lindas de mis nietos. Me parece suficiente para animar a los abuelos y abuelas a que cojan cuaderno y bolígrafo y vayan anotando las ocurrencias, anécdotas y hasta palabras de sus nietos. ¡Qué divertido puede ser con el paso de los años leer cosas como éstas: «¡Abuela ya soy *ingleso*! —mi nieto Javier a sus tres años que empezó a dar clase de inglés—. Abuela, ¿cuántos *bebos* me tengo que beber? Abuela, hoy ha ido al colegio una *galiciana* —gallega—. Abuela, la Virgen de la Cueva ha *llovío*.

En fin, un larguísimo etcétera que nos puede devolver la felicidad en cualquier momento que creamos que las circunstancias de la vida nos superan. Ahí estarán ellos refrescando de ternura y emoción nuestros peores días porque representan el guiño de Dios que nos dice: ¡Para que veas!

Y pongo fin con una mala poesía —soy consciente de ello—, escrita, eso sí, de corazón, y dedicada a mi nieta Ángela cuando cumplió sus tres añitos.

• • •

Niña

A mi nieta Ángela y en ella a todos mis nietos y nietas.

Me miro, niña, en tus ojos, espejo de agua y luz,
y en ellos me veo, niña, ¡igualita, igualita que tú...!

¡Vamos, corre! Hagamos barquitos de papel,
cojamos la luna, y aquel pajarillo del nido caído...
¡Corre que viene el tren largo!
¡Que viene la bruja volando en la escoba!
Me miro, niña, en tu boca, beso, paisaje blanco y azul,
y en ella, me veo niña, igualita, igualita que tú.

¡Venga, corre! Juguemos al corro,
a pillar, al esconder, recemos la salve y el avemaría...
¡Corre que viene la tormenta!
¡Que un tío malo nos quiere coger!

Me miro niña, en tus lágrimas... ¡Qué dolor!
Mezcla de miedos, plegarias, ternura...
¡maltrecha, rota ¡tantas veces!, renovada ilusión...!

No me digas más, niña, deja de llorar
porque igualita, igualita que tú me siento yo...
que vuelvo a cumplir tus mismos años
en este mi cansado corazón...

¡Corre, corre...!

¡Cojamos espigas, campanillas y amapolas...!
¡Corre, corre…!
¡Que los Reyes Magos vienen ya!
Que tenemos que limpiar los zapatos,
que tenemos que dormir y esperar.

¡Escucha, escucha, niña como llegan!
¡No tengas miedo y deja de llorar!
Que hemos sido buenas, ¡anda, duerme!
Y mañana, si quieres, volvemos a jugar.

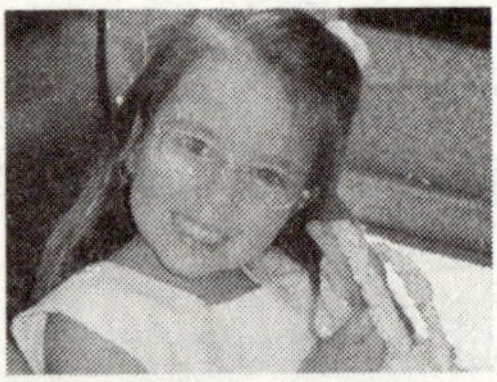

Mis nietos y yo, unos días antes de que naciera mi Gonzalo segundo, cuya imagen no puede faltar en estas páginas.

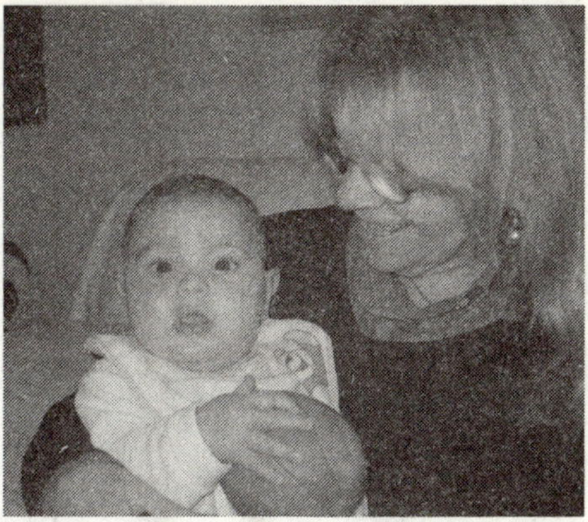